Georgii

Valentinovich Plekhanov

Anarchismus und Sozialismus

Georgii

Valentinovich Plekhanov

Anarchismus und Sozialismus

ISBN/EAN: 9783744644112

Hergestellt in Europa, USA, Kanada, Australien, Japan

Cover: Foto ©Suzi / pixelio.de

Weitere Bücher finden Sie auf **www.hansebooks.com**

Anarchismus

und

Sozialismus.

Von

Georg Plechanow.

———•———

Berlin 1894.
Verlag der Expedition des „Vorwärts"
(Th. Glocke).

I.

Der Gesichtspunkt des utopistischen Sozialismus.

Die französischen Materialisten des 18. Jahrhunderts verschmähten es bekanntlich nicht, mitten in ihrem unerbittlichen Kampf gegen alle „Infamen", deren Joch auf dem damaligen Frankreich lastete, Untersuchungen über das anzustellen, was sie die vollkommene Gesetzgebung nannten, d. h. nachzuforschen, welches die beste aller möglichen Gesetzgebungen sei, eine Gesetzgebung, die allen menschlichen „Wesen" die größte Summe von Glück gewähren und gerade deshalb in allen nur vorhandenen Gesellschaften eingeführt werden könne, weil sie eben eine vollkommene und folglich auch die „natürlichste" Gesetzgebung sei. Die Abschweifungen in das Gebiet der „vollkommenen Gesetzgebung" nehmen in den Werken eines Holbach und eines Helvétius einen ziemlich beträchtlichen Raum ein.

Andererseits gaben sich die Sozialisten der ersten Hälfte unseres Jahrhunderts mit einem ungeheuren Eifer, einer Unermüdlichkeit ohne Gleichen, den Untersuchungen über die beste der möglichen sozialen Organisationen, über eine vollkommene soziale Organisation hin. Das ist ein hervorragender, ein charakteristischer Zug, den sie mit den französischen Materialisten des letzten Jahrhunderts gemein haben, und gerade dieser Zug muß vor allem in dieser Studie unsere Aufmerksamkeit in Anspruch nehmen.

Um das Problem einer vollkommenen sozialen Organisation zu lösen oder, was auf dasselbe hinauskommt, das der besten aller möglichen Gesetzgebungen, müssen wir selbstverständlich einen kritischen Maßstab besitzen, mit dessen Hilfe wir die verschiedenen „Gesetzgebungen" mit einander vergleichen können. Und dieses Kriterium muß von ganz spezieller Natur sein. In der That handelt es sich ja nicht um eine nur „relativ" bessere Gesetzgebung, d. h. um eine unter gegebenen Umständen bessere oder beste Gesetzgebung. Weit davon entfernt sollen wir vielmehr eine absolut vollkommene Gesetzgebung finden, eine Gesetzgebung, deren Vortrefflichkeit in nichts von Zeit und Umständen abhängen soll. Wir sind also durchaus gezwungen, von der Geschichte abzusehen, da in ihr Alles relativ ist, Alles von den Umständen, von Zeit und Ort abhängt. Aber was bleibt uns als Leitfaden für unsere „gesetzgeberischen" Untersuchungen, wenn wir von der Geschichte der Menschheit absehen? Es bleibt uns die Menschheit, der Mensch im Allgemeinen, die „menschliche Natur", von der die Geschichte nur die Offenbarung ist. Das ist unser genau bestimmtes Kriterium. Eine vollkommene Gesetzgebung, die beste aller möglichen Gesetzgebungen ist die, die der menschlichen „Natur" am meisten entspricht. Es ist wohl möglich, daß, selbst wenn wir ein solches Kriterium besitzen, es uns mangels genügender „Erleuchtung" oder Logik doch nicht gelingt, das Problem der besten Gesellschaft zu lösen: Irren ist menschlich; aber es scheint ganz unbestreitbar, daß dieses Problem gelöst werden kann, daß man, sobald man sich nur auf genaue Kenntniß der menschlichen „Natur" stützt, eine vollkommene Gesetzgebung, eine vollkommene soziale Organisation zu finden recht wohl im Stande ist.

Dieses war auf dem Gebiete der sozialen Wissenschaften der Gesichtspunkt der französischen Materialisten. Der Mensch ist ein empfindendes und vernunftbegabtes Wesen, sagten sie, er vermeidet schmerzhafte Empfindungen, er sucht angenehme Empfindungen auf. Er besitzt genügenden Verstand, um zu erkennen, was ihm nützlich und ebenso, was ihm schädlich ist. Sobald man einmal diese Grundsätze erkannt hat, wird man mit Hilfe von Ueberlegung und gutem Willen bei seinen Betrachtungen über die beste Gesetzgebung zu ebenso wohlbegründeten, ebenso strengen, ebenso unbestreitbaren Schlüssen kommen, wie sie die mathematische Beweisführung liefert. So machte sich Condorcet anheischig, alle Vorschriften der gesunden Moral deduktiv abzuleiten aus der einfachen grundlegenden Wahrheit, daß der Mensch ein „empfindendes" und „vernunftbegabtes" Wesen ist.

Es ist fast unnöthig zu sagen, daß Condorcet sich hierin täuschte. Wenn die „Philosophen" in diesem Forschungszweig zu Schlüssen von unbestreitbarem, obgleich sehr relativem Werth gelangt sind, so nur weil sie, ohne es gewahr zu werden, jeden Augenblick ihren abstrakten Ausgangspunkt von der „menschlichen Natur im Allgemeinen" verlassen und sich auf den der mehr oder weniger idealisirten Natur eines Mitgliedes des damaligen dritten Standes stellen. Dieser Mensch „empfand" und „dachte" auf eine durch seine soziale Umgebung sehr genau bestimmte Art. Es war seine „Natur", fest zu halten am bürgerlichen Eigenthum, der repräsentativen Regierung, der Handelsfreiheit („laßt gehen, laßt geschehen", schrie ohne Aufhören die „Natur" dieses Menschen) und so weiter.

In Wirklichkeit hatten die französischen Philosophen beständig die ihnen vorliegenden ökonomischen und politischen Bedürfnisse des dritten Standes im Auge; dies war ihr thatsächliches Kriterium. Aber sie bedienten sich seiner unbewußter Weise und gelangten nur mittelst eines weiten Umweges auf dem Gebiet der Abstraktion zu ihm. Ihr bewußtes Verfahren reduzirte sich immer auf abstrakte Betrachtungen über „die menschliche Natur" und die sozialen und politischen Einrichtungen, die mit dieser Natur am besten übereinstimmen.

Dieses Verfahren war ursprünglich auch das der Sozialisten. Kind des achtzehnten Jahrhunderts, stellt Morelly, „um einer Menge leerer Einwände, die kein Ende nehmen würden, zuvorzukommen", als unbestreitbares Prinzip auf, „daß in der moralischen Ordnung die Natur einzig, beständig, unveränderlich ist..., daß ihre Gesetze sich nicht ändern", und daß „Alles, was man mit Bezug auf die Verschiedenheit der Sitten wilder und gesitteter Völker anführen könne, nicht zu beweisen vermöge, daß die Natur sich verändere", dies vielmehr höchstens zeige, „daß einige Nationen infolge ihnen fremder Zufälle aus den Regeln der Natur herausgetreten, andere in gewissen Punkten ihnen aus reiner Gewohnheit unterworfen geblieben sind; wieder andere endlich sich ihnen vermittelst einiger ausgeklügelter Gesetze, die nicht immer dieser Natur widersprachen, unterworfen haben", kurz, daß „der Mensch das Wahre verläßt, das Wahre indeß niemals aufhört."*)

Fourier stützt sich auf die Analyse der menschlichen Leidenschaft; Robert Owen nimmt als Ausgangspunkt gewisse Betrachtungen über die Bildung des menschlichen Charakters; Saint-Simon, der bereits ein so großes Verständniß für die historische Entwicklung der Menschheit hat, kommt immer wieder auf die menschliche Natur zurück, um sich die Gesetze dieser Entwicklung zu erklären, und die Saint-Simonisten erklären, daß ihre Philosphie „auf eine neue Auffassung von der

---

*) Siehe „Code de la Nature", Paris 1841 (Edition Villegardelle) p. 66. note.

menschlichen Natur gegründet ist". Die Sozialisten der verschiedenen Schulen haben gut einander ob der Verschiedenheit ihrer Auffassungen von der menschlichen Natur zu bekämpfen; sie alle ohne Ausnahme sind überzeugt, daß die Gesellschaftswissenschaft keine andere Grundlage hat, keine andere Grundlage haben kann, als eine richtige Auffassung von dieser Natur. Sie unterscheiden sich hierin in nichts von den Materialisten des achtzehnten Jahrhunderts. Die menschliche Natur ist ihr unabänderliches Kriterium bei der Kritik der bestehenden Gesellschaft und bei ihren Untersuchungen über die soziale Organisation einer vollkommenen Verfassung, wie dieselbe sein sollte.

Morelly, Fourier, Saint=Simon, Owen betrachten wir heute als **utopistische** Sozialisten. Da wir die allgemeine Grundanschauung kennen, die ihnen sämmtlich gemeinsam war, können wir uns auch genaue Rechenschaft darüber geben, was der utopistische Gesichtspunkt ist. Es wird dies um so nützlicher sein, als man unter den Gegnern des Sozialismus diesen Ausdruck „utopistisch" zu gebrauchen pflegt, ohne mit ihm auch nur einen einigermaßen genauen Sinn zu verknüpfen.

Utopist ist Jeder, der auf eine vollkommene soziale Organisation sinnt und dabei von einem abstrakten Prinzip ausgeht.

Das abstrakte Prinzip, das den Untersuchungen der Utopisten zu Grunde gelegen hatte, war das der „menschlichen Natur". Uebrigens hat es Utopisten gegeben, die sich dieses Prinzips **indirekt** bedienten durch Vermittelung der aus ihm **abgeleiteten** Begriffe. Man kann zum Beispiel beim Ausdenken einer „vollkommenen Gesetzgebung", einer idealen Organisation der Gesellschaft, den Begriff der allgemeinen „**Menschenrechte**" zu seinem Ausgangspunkt nehmen. Aber es ist klar, daß dieser Begriff in letzter Linie aus dem der menschlichen „Natur" abgeleitet ist.

Ebenso augenscheinlich ist es, daß man Utopist sein kann, ohne Sozialist zu sein. Die bürgerlichen Tendenzen der französischen Materialisten des vorigen Jahrhunderts treten besonders bei ihren Betrachtungen über eine vollkommene Gesetzgebung zu Tage. Aber das hebt in nichts den utopistischen Charakter dieser Untersuchungen auf. Wir haben gesehen, daß das Verfahren der utopistischen Sozialisten durchaus nicht von dem eines Holbach oder Helvétius, diesen Vorkämpfern der revolutionären französischen Bourgeoisie, abweicht.

Mehr noch. Man kann ganz gut alle „Zukunftsmusik" verachten, man kann überzeugt sein, daß die bestehende soziale Welt, in der man das Glück hat zu leben, die beste aller möglichen sozialen Welten sei, und trotz alledem kann man „Bau und Leben des sozialen Körpers" vom selben Gesichtspunkt aus betrachten, von dem aus die Utopisten sie betrachteten.

Das scheint paradox, und dennoch ist nichts wahrer. Hier ein Beispiel, um es zu beweisen.

Im Jahre 1753 erschien das Werk Morelly's, das den Titel führt: „Les Iles flottantes ou la Basiliade du célèbre Pilpaï, traduit de l'indien".*) Hier einige Argumente, mit deren Hilfe eine Revue jener Zeit, „La Bibliothèque impartiale" (die unparteiische Bibliothek) die kommunistischen Ideen des Verfassers bekämpfte:

„Man weiß genugsam, welch Unterschied zwischen den schönsten Spekulationen dieser Art und der Möglichkeit ihrer Ausführung liegt; in der Theorie nimmt man Menschen seiner Einbildung, die sich gelehrig allen Einrichtungen anpassen, und die mit gleichem Eifer die Ansichten des Gesetzgebers unterstützen; jedoch von dem Augenblick an, wo man die Dinge in die Wirklichkeit übertragen will, muß man sich der Menschen bedienen, wie sie wirklich sind, d. h. ungelehrig, faul oder dem Ungestüm irgend einer heftigen Leidenschaft ergeben. Das Projekt der Gleichheit ist ganz besonders eines jener Projekte, die dem Charakter der Menschen am meisten widerstreben; sie werden zum Befehlen oder zum Dienen geboren, ein Mittelzustand ist ihnen lästig."

Die Menschen werden zum Befehlen oder zum Dienen geboren. Es ist also nicht zu verwundern, wenn wir in der Gesellschaft Herren und Diener sehen; es ist die menschliche „Natur", die es so will. Die „unparteiische Bibliothek" konnte sehr schön „die kommunistischen Spekulationen" verwerfen; den Gesichtspunkt, aus dem sie die sozialen Erscheinungen betrachtete, den Gesichtspunkt der „menschlichen Natur", hatte sie mit dem Utopisten Morelly gemeinsam.

Man sage uns nicht, diese Zeitschrift sei wahrscheinlich bei ihrer Beweisführung nicht aufrichtig gewesen, sie habe nur deshalb sich auf die menschliche „Natur" berufen, um etwas zu Gunsten der Ausbeuter, zu Gunsten derer, die „befehlen", vorzubringen. Ob aufrichtig oder heuchlerisch, die „unparteiische Bibliothek" stellte sich in ihrer Kritik Morelly's auf den allen Schriftstellern jener Zeit gemeinsamen Standpunkt: allesammt beriefen sie sich auf die in dieser oder jener Weise aufgefaßte menschliche Natur, ausgenommen die Zurückgebliebenen, die —

---

*) „Die schwimmenden Inseln oder die Basiliade des berühmten Pilpaï, übersetzt aus dem Indischen."

lebende Schatten einer vergangenen Zeit — fortfuhren, sich auf den Willen „Gottes" zu berufen.

Diesen Gesichtspunkt der menschlichen Natur hat das neunzehnte Jahrhundert, wie wir wissen, von seinem Vorgänger geerbt: die utopistischen Sozialisten hatten keinen andern.

Das Beispiel Saint=Simon's, des genialen Mannes von enzyklopädischem Wissen, zeigt vielleicht klarer als alles andere, wie begrenzt und ungenügend dieser Gesichtspunkt war, und in welch unentwirrbares Labyrinth von Widersprüchen er alle die führte, die sich seiner bedienten. Saint=Simon sagt uns mit tiefster Ueberzeugung: „Die Zukunft setzt sich aus den letzten Punkten einer Reihe zusammen, deren erste Punkte die Vergangenheit bilden. Wenn man die ersten Punkte einer Reihe gut studirt hat, ist es leicht, die folgenden festzustellen; somit kann man aus der gut beobachteten Vergangenheit leicht die Zukunft ableiten." Das ist so wahr, daß man sich im ersten Augenblick fragt: warum zählt man einen Mann, der eine so klare Vorstellung hat von dem Band, das die verschiedenen Phasen der historischen Entwicklung verbindet, zu den Utopisten? Lernt man jedoch die historischen Ideen Saint=Simon's näher kennen, so sieht man, daß ihm diese Bezeichnung nicht mit Unrecht beigelegt worden ist. Die Zukunft leitet sich von der Vergangenheit ab, die historische Entwicklung der Menschheit ist ein gesetzmäßiger Werdeprozeß. Aber welches ist jene Triebfeder, jene Kraft, die die menschliche Gattung in Bewegung setzt, die sie von einer Stufe ihrer Entwicklung zur andern führt? Worin kann diese Kraft bestehen? Wo muß man sie suchen? — Hier ist es, wo Saint=Simon auf den Gesichtspunkt aller Utopisten, auf den Gesichtspunkt der menschlichen Natur zurückkommt. So hatte nach ihm die französische Revolution zur Grundursache den Wechsel der Kräfte, der sich im Gebiet des Zeitlichen und Geistigen vollzogen; und um sie angemessen zu leiten und wohl abzuschließen, hätte man „die Kräfte, die das Uebergewicht erhalten, in direkte politische Thätigkeit versetzen müssen", mit anderen Worten, man hätte die „Industriellen" und die „Gelehrten" berufen müssen, das politische System auszubilden, welches diesem neuen sozialen Zustand entsprach. Dies war nicht geschehen, und die Revolution, die gut angefangen hatte, wurde daher fast unmittelbar darauf auf einen falschen Weg gestoßen: die „Juristen" und die „Metaphysiker" wurden die Herren der Situation. Wie diesen historischen Vorgang erklären? „Es liegt in der Natur des Menschen", antwortet Saint=Simon, „nicht ohne verbindendes Mittelglied von irgend einer Doktrin zu einer anderen übergehen zu können. Dieses Gesetz findet noch viel stärkere Anwendung bei den verschiedenen politischen Systemen, durch welche der natürliche Gang der Zivilisation die menschliche Gattung hindurchzugehen zwingt. So hat dieselbe Nothwendigkeit — die in der „Industrie" das Element einer neuen zeitlichen Kraft geschaffen hat, die bestimmt ist, die „militärische" Macht zu ersetzen, und in den positiven „Wissenschaften" das Element einer neuen geistigen Kraft, die berufen ist, an die Stelle der theologischen Macht zu treten, — dieselbe Nothwendigkeit hat (bevor noch dieser Wechsel im Zustand der Gesellschaft begonnen hatte, sich sehr bemerkbar zu machen) eine zeitliche und eine geistige Macht vermittelnden, bastarbartigen und vorübergehenden Charakters entwickeln und in Thätigkeit setzen müssen, eine Macht, deren einzige Rolle darin bestand, den Uebergang von einem sozialen System in ein anderes ins Werk zu setzen.*)

Man sieht, die „historischen Reihen" Saint-Simon's erklären im Grunde garnichts, sie haben selbst nöthig, erklärt zu werden, und um dies zu können, muß man sich an die unvermeidliche „menschliche Natur" wenden: die französische Revolution war auf einen solchen Weg geschleudert worden, weil die menschliche Natur so und so ist.**)

Von zwei Dingen eines. Entweder ist die menschliche Natur „unveränderlich", wie Morelly annahm, und dann erklärt sie nichts in der Geschichte, die uns fortgesetzte Veränderungen in den Beziehungen der Menschen in der Gesellschaft zeigt; oder aber sie verändert sich selbst je nach den Umständen, in denen die Menschen leben, und dann ist sie — weit entfernt, die Ursache zu sein — die Wirkung der historischen Entwicklung. Die französischen Materialisten wußten sehr gut, daß der Mensch das Produkt seiner sozialen Umgebung ist: „Der Mensch ist ganz und gar Erziehung", sagte Helvétius.

---

*) Du Système industriel, par Henri Saint-Simon, Paris, MDCCCXXI (1821), p. 52.

**) Ebenso erklärt sich, wenn wir in der Geschichte „kritische Perioden" und „organische Perioden" einander abwechseln sehen, dies in letzter Instanz gleichfalls durch die Eigenthümlichkeiten der menschlichen Natur. Es ist klar, daß ein solcher Gesichtspunkt eine Menge phantastischer Analogieen zwischen dem individuellen und dem sozialen Organismus ins Leben setzen mußte. Der Comtismus (die bürgerliche Karrikatur des Saint-Simonismus) ist reich an solchen. Saint-Simon selbst hatte nichts gegen derartige Analogieen; man lese zum Beispiel seine „Literarische, philosophische und industrielle Ansichten", Paris, 1825.

Es scheint, daß hiernach Helvétius den Gesichtspunkt der menschlichen Natur hätte verlassen müssen, um die Gesetze der Entwicklung des Milieus zu studiren, das die menschliche „Natur" formt, indem es dem sozialen Menschen diese oder jene „Erziehung" giebt. Und in der That hat Helvétius einige Anläufe in dieser Richtung gemacht. Doch weder ihm, noch seinen Zeitgenossen, noch den Sozialisten der ersten Hälfte dieses Jahrhunderts, noch einem der Vertreter der Wissenschaft derselben Epoche ist es gelungen, die neue Auffassungsweise zu entdecken, die es ermöglichte, die Entwicklung des sozialen Milieus zu studiren, dieser Ursache der historischen „Erziehung" des Menschen, der Veränderungen, die sich in seiner „Natur" vollziehen. So war man gezwungen, auf die menschliche Natur zurückzugehen, als dem einzigen Ausgangspunkt, der eine wenigstens etwas solide Grundlage für wissenschaftliche Untersuchungen abzugeben schien. Da jedoch die menschliche Natur ihrerseits sich verändert, so ward man unumgänglich gezwungen, von diesen Veränderungen abzusehen, stabile Eigenschaften der menschlichen Natur zu suchen, fundamentale Eigenschaften, die sich, trotz aller Veränderungen ihrer sekundären (unwesentlichen) Eigenthümlichkeiten, forterhalten. So kam es, daß man am Ende der Dinge bei einer mageren Abstraktion anlangte, wie z. B. die der „Philosophen": „Der Mensch ist ein empfindendes und vernünftiges Wesen", die das Aussehen eines um so kostbareren Fundes hatte, als sie allen haltlosen Annahmen und allen phantastischen Schlüssen vollste Freiheit ließ.

Ein Guizot — (um einen philosophischen Staatsmann aus der ersten Hälfte dieses Jahrhunderts anzuführen) — hatte durchaus kein Bedürfniß, die beste soziale Organisation, die vollkommene Gesetzgebung zu suchen: er war mit denen, die bestanden, durchaus zufrieden. Aber das stärkste Argument, das er hätte vorbringen können, um sie gegen die Angriffe der Unzufriedenen zu vertheidigen, wäre immer die „menschliche Natur" gewesen, die, wie er gesagt haben würde, jeden nennenswerthen Wechsel in der sozialen und politischen Konstitution Frankreichs unmöglich macht. Die Unzufriedenen wiederum verurtheilten diese Konstitution, indem sie sich derselben Abstraktion bedienten. Und weil diese Abstraktion vollkommen hohl war, weil sie, wie wir schon gesagt haben, allen haltlosen Annahmen und allen aus diesen Annahmen abgeleiteten logischen Folgerungen vollständig freien Spielraum läßt, nahm die „wissenschaftliche" Aufgabe der Reformer das Aussehen eines geometrischen Problems an: eine solche „Natur" gegeben, soll gefunden werden, welche

Gesellschaftsstruktur ihr am besten entspricht. So beklagt sich Morelly bitter, daß „unsere alten Lehrer" unterlassen haben, sich das „ausgezeichnete Problem" zu stellen und es zu lösen: „einen Zustand zu finden, bei dem es fast unmöglich ist, daß der Mensch verdorben oder schlecht sei, oder der zum wenigsten ein Minimum von Uebeln darbietet." Wir haben schon gesehen, daß für Morelly die menschliche Natur „einzig, beständig, unveränderlich" war.

Wir wissen nun, worin das „wissenschaftliche" Verfahren der Utopisten besteht. Um mit ihnen zu Ende zu kommen, wollen wir den Leser daran erinnern, daß, da die „menschliche Natur" eine außerordentlich magere Abstraktion und folglich sehr wenig nahrhaft ist, die Utopisten sich in Wirklichkeit nicht so sehr auf die menschliche Natur im Allgemeinen, als auf die idealisirte Natur der Menschen ihrer Zeit beriefen, die derjenigen Klasse angehörten, deren soziale Tendenzen sie vertraten. Die soziale Wirklichkeit machte sich dafür unvermeidlich in den Werken der Utopisten geltend, aber die Utopisten legten sich darüber keine Rechenschaft ab, sie sahen diese Wirklichkeit nur durch eine Abstraktion, die zwar sehr mager, aber doch nur wenig durchsichtig war.

II.
Der Gesichtspunkt des wissenschaftlichen Sozialismus.

Die großen idealistischen Philosophen Deutschlands, die Schelling und Hegel, begriffen die Unzulänglichkeit des Gesichtspunkts der menschlichen „Natur" sehr wohl. Hegel macht sich in seiner „Geschichtsphilosophie" über die bürgerlichen Utopisten lustig, die über die beste Konstitution spintisiren. Der deutsche Idealismus betrachtet die Geschichte als einen gesetzmäßigen Prozeß und sucht die Triebfeder der historischen Bewegung außerhalb der menschlichen „Natur".

Das hieß einen großen Schritt in der Richtung zur Wirklichkeit machen. Die Idealisten aber erblickten diese Triebfeder in der „absoluten Idee", in dem „Weltgeist", und da ihre absolute Idee nichts als eine Abstraktion unseres Denk-

prozesses war, so führten sie in ihren philosophischen Geschichts-
spekulationen die alte Freundin der materialistischen Philosophen,
die menschliche Natur in einem Gewande zurück, das der
respektablen und strengen Gesellschaft deutscher Denker würdig
war. Jagt die Natur zur Thür hinaus, und sie wird durchs
Fenster wieder hereinkommen! Trotz aller von den deutschen
Idealisten der Sozialwissenschaft geleisteten Dienste blieb das
große Problem dieser Wissenschaft, ihr Grundproblem, zur Zeit
der deutschen Idealisten ebenso ungelöst wie zur Zeit der französischen Materialisten.

Welches ist die geheime Kraft, welche die geschichtliche Bewegung der Menschheit hervorbringt? **Man wußte nichts
darüber.** Man hatte auf diesem Gebiet nur einige mehr
oder weniger wahre, mehr oder weniger scharfsinnige Theil-
Beobachtungen gemacht — darunter manche sehr wahre und
scharfsinnige — aber immer unzusammenhängende und Theil-
Beobachtungen.

Wenn die soziale Wissenschaft endlich doch aus dieser Sackgasse herausgekommen ist, so verdankt sie dies Karl Marx.

Nach Marx sind die „Rechtsverhältnisse wie Staatsformen
weder aus sich selbst zu begreifen, noch aus der sogenannten
allgemeinen Entwicklung des menschlichen Geistes, sondern wurzeln
vielmehr in den materiellen Lebensverhältnissen, deren Gesammtheit Hegel, nach dem Vorgang der Engländer und Franzosen
des 18. Jahrhunderts, unter dem Namen „bürgerliche Gesellschaft" zusammenfaßt. Das ist fast dasselbe, was Guizot
meinte, wenn er in seinen historischen Untersuchungen sagte, daß
die politischen Verfassungen ihre Wurzel in den Zuständen des
Eigenthums haben. Aber während für Guizot die „Zustände
des Eigenthums" ein Geheimniß blieben, das er vergeblich mit
Hilfe von Betrachtungen über die menschliche Natur aufzuhellen
suchte, hatten diese „Zustände" für Marx nichts Geheimnißvolles
mehr; sie sind durch die **produktiven Kräfte** bestimmt, über
welche die jedesmal gegebene Gesellschaft verfügt; „die Anatomie
der bürgerlichen Gesellschaft ist in der politischen Oekonomie zu
suchen". Lassen wir Marx selbst seine Geschichtsauffassung for-
muliren:

„In der **gesellschaftlichen** Produktion ihres Lebens
gehen die Menschen bestimmte, nothwendige, **von ihrem Willen
unabhängige** Verhältnisse ein, Produktionsverhältnisse,
die einer bestimmten Entwicklungsstufe ihrer materiellen Produktivkräfte entsprechen. Die Gesammtheit dieser Produktionsverhältnisse bildet die **ökonomische Struktur** der Gesellschaft, die reale Basis, worauf sich ein juristischer und politischer

Ueberbau erhebt und welcher bestimmte gesellschaftliche Bewußtseinsformen entsprechen. Die Produktionsweise des materiellen Lebens bedingt den sozialen, politischen und geistigen Lebensprozeß überhaupt. Es ist nicht das Bewußtsein der Menschen, das ihr Sein, sondern umgekehrt ihr gesellschaftliches Sein, das ihr Bewußtsein bestimmt. Auf einer gewissen Stufe ihrer Entwicklung gerathen die materiellen Produktivkräfte der Gesellschaft in Widerspruch mit den vorhandenen Produktionsverhältnissen, oder, was nur ein juristischer Ausdruck dafür ist, mit den Eigenthumsverhältnissen, innerhalb deren sie sich bisher bewegt hatten. Aus Entwicklungsformen der Produktivkräfte schlagen diese in Fesseln derselben um. Es tritt dann eine Epoche sozialer Revolution ein."*)

Diese vollständig materialistische Auffassung der Geschichte ist eine der größten Entdeckungen unseres an wissenschaftlichen Entdeckungen so reichen Jahrhunderts. Nur ihr ist es zu danken, daß die Gesellschaftswissenschaft endlich und für immer aus diesem verhängnißvollen, fehlerhaften Zirkel herauskam, in dem sie sich bis dahin gedreht hatte; nur ihr ist es zu danken, daß diese Wissenschaft jetzt eine nicht minder solide Basis besitzt wie die Naturwissenschaft. Die von Marx bewirkte Revolution der sozialen Wissenschaft kann mit der von Kopernikus in der Astronomie bewirkten verglichen werden. In der That galt es vor Kopernikus als feststehend, daß die Erde auf ihrem Platz bleibe, während sich die Sonne um sie herum drehe. Der geniale Pole bewies, daß das Gegentheil der Fall. Ebenso galt bis zu Marx als Ausgangspunkt der sozialen Wissenschaft die menschliche Natur; von diesem Gesichtspunkt aus versuchte man die historische Bewegung der Menschheit zu erklären. Der Gesichtspunkt des genialen Deutschen ist gerade entgegengesetzt: indem der Mensch, um seine Existenz zu fristen, auf die Natur außer ihm einwirkt, verändert er seine eigene Natur. Die Einwirkung des Menschen auf die Natur außer ihm setzt gewisse Werkzeuge, gewisse Produktionsverhältnisse voraus; gemäß dem Charakter ihrer Produktionsmittel treten die Menschen in dem Produktionsprozeß, (weil dieser Prozeß ein gesellschaftlicher Prozeß ist) in diese oder jene Beziehungen zu einander und gemäß ihren Beziehungen im gesellschaftlichen Produktionsprozeß ändern sich ihre Gewohnheiten, ihre Gefühle, ihre Neigungen, ihre Art zu denken und zu

---

*) Zur Kritik der politischen Oekonomie, Berlin 1859, Vorwort S. IV—V.

handeln, kurz, ihre Natur. So ist es also nicht die menschliche Natur, aus der sich die historische Bewegung erklärt, es ist die historische Bewegung, durch welche die menschliche Natur verschieden gestaltet wird.

Doch wenn dem so ist, welchen Werth können heute die mehr oder weniger scharfsinnigen Untersuchungen über die „vollkommene Gesetzgebung", über die beste der möglichen sozialen Organisationen haben? Keinen, buchstäblich keinen! Sie können nur den Mangel wissenschaftlicher Bildung bei denen aufdecken, die sich ihnen hingeben. Ihre Zeit ist für immer vorüber.

Mit diesem alten Gesichtspunkt der menschlichen Natur mußten die Utopieen aller Farben und aller Schattirungen verschwinden. Die große revolutionäre Partei unserer Zeit, die internationale sozialistische Demokratie, stützt sich weder auf eine „neue Auffassung" der menschlichen Natur, noch auf irgend ein abstraktes Prinzip, sondern auf eine „naturwissenschaftlich treu zu konstatirende" ökonomische Nothwendigkeit. Und das ist es, was die Kraft dieser Partei bildet, das ist es, was dieselbe ebenso unbesiegbar macht, wie die ökonomische Nothwendigkeit selbst.

„Die Produktions- und Verkehrsmittel, auf deren Grundlage sich die Bourgeoisie heranbildete, wurden in der feudalen Gesellschaft erzeugt. Auf einer gewissen Stufe der Entwicklung dieser Produktions- und Verkehrsmittel entsprachen die Verhältnisse, worin die feudale Gesellschaft produzirte und austauschte, die feudale Organisation der Agrikultur und Manufaktur, mit einem Wort, die feudalen Eigenthumsverhältnisse, den schon entwickelten Produktivkräften nicht mehr. Sie hemmten die Produktion, statt sie zu fördern. Sie mußten gesprengt werden, sie wurden gesprengt.

An ihre Stelle trat die freie Konkurrenz mit der ihr angemessenen gesellschaftlichen und politischen Konstitution, mit der ökonomischen Herrschaft der Bourgeoisklasse.

Unter unseren Augen geht eine ähnliche Bewegung vor. Die bürgerlichen Produktions- und Verkehrsverhältnisse, die bürgerlichen Eigenthumsverhältnisse, die moderne bürgerliche Gesellschaft, die so gewaltige Produktions- und Verkehrsmittel herausgezaubert hat, gleicht dem Hexenmeister, der die unterirdischen Gewalten nicht mehr zu beherrschen vermag, die er heraufbeschwor. Seit Dezennien ist die Geschichte der Industrie und des Handels nur die Geschichte der Empörung der modernen Produktivkräfte gegen die modernen Produktionsverhältnisse; gegen die Eigenthums-Verhältnisse, welche die Lebensbedingungen der Bourgeoisie und ihrer Herrschaft sind. Es genügt, die Handelskrisen

zu nennen, welche in ihrer periodischen Wiederkehr immer
drohender die Existenz der ganzen bürgerlichen Gesellschaft in
Frage stellen.

Die Waffen, womit die Bourgeoisie den Feudalismus zu
Boden geschlagen hat, richten sich jetzt gegen die Bourgeoisie
selbst."*)

Die Bourgeoisie hat die feudalen Eigenthumsverhältnisse
zerstört; das Proletariat wird der Existenz der bürgerlichen
Eigenthumsverhältnisse ein Ende machen. Zwischen dem Proletariat und der Bourgeoisie ist der Kampf ein unversöhnlicher Kampf, ein Kampf bis aufs Aeußerste, ebenso unvermeidlich wie er es seiner Zeit zwischen der Bourgeoisie und
den privilegirten Ständen gewesen war. Aber jeder Klassenkampf ist ein politischer Kampf. Um die feudale Gesellschaft
aufzuheben, mußte sich die Bourgeoisie der politischen Gewalt
bemächtigen. Das Proletariat wird, um die kapitalistische Gesellschaft zu begraben, dasselbe thun müssen. Seine politische
Aufgabe ist also von vornherein durch die Macht der Dinge
selbst vorgezeichnet und nicht durch diese oder jene abstrakten
Erwägungen.

Es ist eine bemerkenswerthe Thatsache, daß sich erst seit
Karl Marx der Sozialismus auf den Boden des Klassenkampfes gestellt hat. Die utopistischen Sozialisten hatten von
demselben keinen auch nur einigermaßen klaren Begriff. Und
darin waren sie den zu ihrer Zeit lehrenden Theoretikern
der Bourgeoisie gegenüber, die wenigstens die historische
Bedeutung des Kampfes des dritten Standes gegen den Adel
sehr gut begriffen, im Rückstande.

Wenn jede der „neuen Auffassungen" über die menschliche
Natur sehr klare Anweisungen über die Organisation der
„künftigen Gesellschaft" zu liefern schien, so ist der wissenschaftliche Sozialismus mit Bezug auf Details dieser Art sehr
karg. Der soziale Bau hängt von dem Zustand seiner Produktivkräfte ab. Welches wird dieser Zustand sein in dem Augenblick, wenn das Proletariat die Macht in Händen haben wird?
Wir wissen es nicht. Wir wissen jetzt nur eine einzige Sache,
und die ist, daß die Produktivkräfte, die der zivilisirten Menschheit
schon jetzt zur Verfügung stehen, gebieterisch die Vergesellschaftlichung der Produktionsmittel und eine planmäßige
Organisation der Produktion fordern. Das genügt uns,
um uns in unserem Kampf gegen „die reaktionäre Masse" nicht
zu verirren. „Die Kommunisten sind also praktisch der ent-

---

*) Manifest der kommunistischen Partei, I. Kapitel.

schiedenste, immer weiter treibende Theil der Arbeiterparteien aller Länder, sie haben theoretisch vor der übrigen Masse des Proletariats die Einsicht in die Bedingungen, den Gang und die allgemeinen Resultate der proletarischen Bewegung voraus." Diese im Jahre 1848 geschriebenen Worte sind für unsere Zeit nur in einem einzigen Sinne ungenau: sie sprechen von den „Arbeiterparteien" als unabhängig von der kommunistischen Partei: es giebt jetzt keine Arbeiterpartei, die nicht in größerer oder geringerer Entfernung dem „wissenschaftlichen Sozialismus" oder wie dieser im „Manifest" genannt wird, dem Kommunismus folgte.

Noch einmal, der Gesichtspunkt der utopistischen Sozialisten wie der der ganzen Sozialwissenschaften ihrer Zeit war die **menschliche Natur** oder irgend ein aus dieser Vorstellung abgeleitetes abstraktes Prinzip. Der Ausgangspunkt der Sozialwissenschaft und des Sozialismus unserer Zeit ist der der **ökonomischen Wirklichkeit und der ihrer Entwicklung innewohnenden Gesetze**.

Man kann sich daher unschwer vorstellen, welchen Eindruck die Argumente der Theoretiker der Bourgeoisie, die unaufhörlich das alte Lied von der Unvereinbarkeit der menschlichen Natur mit dem Kommunismus wiederholen, auf die modernen Sozialisten machen. Es ist dasselbe, als wollte man die Darwinisten mit Waffen aus dem wissenschaftlichen Arsenal Cuvier's bekämpfen! Und was ganz besonders beachtet zu werden verdient, ist, daß dieses alte Lied selbst von „Evolutionisten" wie Herbert Spencer nicht verschmäht wird! Je nun, das schönste Mädchen der Welt kann nur geben, was sie hat!*)

Wir wollen nun sehen, welcher Zusammenhang bestehen kann zwischen dem modernen Sozialismus und dem, was man Anarchismus nennt.

---

*) „Nicht nur die Sozialisten, sondern auch die angeblichen Liberalen (es ist von den englischen Liberalen die Rede. D. Uebers.), die ihnen den Weg ebnen, glauben, daß mit der nöthigen Geschicklichkeit die Fehler der Menschheit durch gute Einrichtungen verbessert werden können. Das ist eine Illusion. Welches auch immer der soziale Körper sei, die fehlerhafte Natur der Bürger wird sich in schlechten Wirkungen, die sie hervorbringen wird, kundgeben. Es giebt keine politische Alchymie, mit deren Hilfe man bleierne Instinkte in goldenes Verhalten umwandeln kann." L'Individu contre l'Etat par Herbert Spencer, traduit de l'Anglais par J. Gerschel, Paris 1888, p. 64.

III.
Historische Entwicklung der anarchistischen Doktrin.
Der Gesichtspunkt des Anarchismus.

„Man hat mir ferner vorgeworfen, der Vater der Anarchie zu sein. Man erweist mir damit zuviel Ehre. Der Vater der Anarchie ist der unsterbliche Proudhon, der sie im Jahre 1848 zum ersten Male auseinandergesetzt hat."

So Peter Krapotkin in seiner Vertheidigungsrede vor dem Kriminalgericht in Lyon (Prozeß vom Januar 1883). Wie es meinem liebenswürdigen Landsmann öfter passirt, hat Krapotkin da etwas behauptet, was nicht stimmt.

„Zum ersten Mal", spricht Proudhon von der Anarchie in seinem vielgenannten Buch „Was ist das Eigenthum, oder Untersuchungen über das Prinzip des Rechts und der Regierungen", dessen erste Auflage schon im Jahre 1840 erschienen ist. Allerdings hat er dort nicht viel über sie „auseinandergesetzt"; er widmet ihr da nur einige Seiten.*) Indeß bevor er noch daran gegangen war, die anarchistische Theorie „im Jahre 1848" auseinanderzusetzen, war die Arbeit schon von dem Deutschen Max Stirner (Pseudonym für Caspar Schmidt) im Jahre 1845, in dem Buche „Der Einzige und sein Eigenthum" besorgt worden. Max Stirner hat somit ein ziemlich wohlbegründetes Recht auf den Titel des Vaters der Anarchie. „Unsterblich" oder nicht, er ist es, der diese Theorie zum ersten Mal „auseinandergesetzt" hat.

Max Stirner.

Man hat die anarchistische Theorie Max Stirner's eine Karrikatur von Ludwig Feuerbach's Religionsphilosophie genannt. (So bezeichnet sie z. B. Ueberweg in seinen „Grundzügen der Geschichte der Philosophie", dritter Theil, Philosophie der Neuzeit.) Man ist sogar soweit gegangen, die Vermuthung auszusprechen, daß der einzige Beweggrund Stirner's beim Abfassen seines Buches gewesen sei, diese Philosophie ins Lächerliche zu ziehen.

Das ist jedoch eine vollkommen grundlose Vermuthung. Stirner spaßte durchaus nicht bei der Darlegung seiner Theorie;

---

*) Siehe Seite 293—305 der Ausgabe von 1841.

er hielt zu ihr mit tiefer Ueberzeugung, wenngleich er eine, für die erregte Zeit ganz natürliche, Tendenz durchscheinen ließ, Feuerbach durch den radikalen Charakter seiner Folgerungen zu überbieten.

Für Feuerbach ist das, was die Menschen Gottheit nennen, nur das Produkt ihrer Phantasie, einer psychologischen Verirrung. Es ist nicht die Gottheit, die den Menschen geschaffen hat, es ist der Mensch, der sich die Gottheit nach seinem eigenen Bild schafft. In Gott betet der Mensch nur sein eigentliches Wesen an. Gott ist nur eine Dichtung, aber eine sehr schädliche Dichtung. Der christliche Gott wird als ganz Liebe, als ganz Erbarmen für die arme leidende Menschheit geschätzt. Aber trotzdem, oder vielmehr grade deswegen, verabscheut jeder des Namens wahrhaft würdige Christ die Atheisten, die ihm als lebende Verneinung aller Liebe und alles Mitleids erscheinen, und muß er sie verabscheuen. So wird der Gott der Liebe zum Gott des Hasses, zum Gott der Verfolgung; das Produkt der Phantasie des Menschen wird zur wirklichen Ursache seiner Leiden. Und darum muß man dieser Phantasmagorie ein Ende machen. Da der Mensch in der Gottheit nur sein eigenstes Wesen anbetet, so muß man endlich ein für allemal den mystischen Schleier, in den dieses Wesen gehüllt worden, zerreißen und entfernen. Die Liebe zur Menschheit darf sich nicht außerhalb der Menschheit vergegenständlichen. „Der Mensch ist dem Menschen das höchste Wesen."

So Feuerbach.

Max Stirner stimmt durchaus mit ihm überein, doch will er das, was er für die letzten und radikalsten Konsequenzen seiner Theorie hält, ziehen. Er argumentirt folgendermaßen: „Gott ist nichts als ein Produkt der Phantasie, nichts als ein Spuk. Einverstanden! Aber was ist die Menschheit, deren Liebe Ihr mir predigt? Ist sie nicht auch ein Spuk, ein abstraktes Wesen, ein Gedankending? Wo existirt sie, Eure Menschheit, wenn nicht in dem Kopfe der Menschen, in dem Kopfe der Individuen? Es giebt also nichts Wirkliches als das Individuum mit seinen Bedürfnissen, seinen Tendenzen, seinem Willen. Aber wenn dem so ist, wie wollt Ihr, daß das Individuum, ein wirkliches Wesen, sich für das Glück „des" Menschen, eines abstrakten Wesens, opfern soll? Ihr könnt Euch schön gegen den alten lieben Gott auflehnen, Ihr behaltet doch immer den religiösen Gesichtspunkt bei, und die Emanzipation, die Ihr uns zu geben strebt, ist total theologisch, d. h. gottesgelahrt." Das höchste Wesen ist allerdings das Wesen des Menschen, aber eben weil es sein Wesen und nicht er selbst ist, so bleibt es sich ganz gleich, ob wir es außer ihm sehen und als „Gott" anschauen, oder in ihm finden und „Wesen des Menschen" oder „der Mensch" nennen. Ich bin weder Gott, noch der Mensch, weder das höchste Wesen, noch mein Wesen und darum ist's in der Hauptsache einerlei, ob Ich das Wesen in Mir oder außer Mir denke. Ja, wir wir denken auch wirklich immer das höchste Wesen in beiderlei Jenseitigkeit, in der innerlichen und äußerlichen zugleich: denn der „Geist Gottes" ist nach christlicher Anschauung auch „Unser Geist" und „wohnet in Uns." Er wohnt im Himmel und wohnt in Uns; wir armen Dinger sind eben nur seine „Wohnung", und wenn Feuerbach noch die himmlische Wohnung desselben zerstört, und ihn nöthigt, mit Sack und Pack zu uns zu ziehen, so werden Wir, sein irdisches Logis, sehr überfüllt werden."*)

Die Unannehmlichkeiten einer solchen „Ueberfüllung" zu vermeiden, uns nicht von irgend einem „Spuk" beherrschen zu lassen, endlich den Fuß auf realen Boden zu setzen, besitzen wir nur ein Mittel; das einzige reale Wesen, unser eigenes „Ich", zum Ausgangspunkt zu nehmen.

„Fort denn mit jeder Sache, die nicht ganz und gar Meine Sache ist! Ihr meint, Meine Sache müsse wenigstens die „gute Sache" sein? Was gut, was böse! Ich bin ja selber Meine Sache, und Ich bin weder gut noch böse. Beides hat für Mich keinen Sinn. — Das Göttliche ist Gottes Sache, das Menschliche Sache „des Menschen". Meine Sache ist weder das Göttliche noch das Menschliche, ist nicht das Wahre, Gute, Rechte, Freie u. s. w., sondern allein das Meinige, und sie ist keine allgemeine, sondern ist — einzig, wie Ich einzig bin. Mir geht nichts über Mich!"**)

Religion, Gewissen, Moral, Recht, Gesetz, Familie, Staat sind ebensoviel Joche, die man Mir im Namen einer Abstraktion auferlegt, sind ebensoviel Zwingherren, die „Ich", das Meiner eigenen „Sache" bewußte Individuum, mit allen mir zur Verfügung stehenden Mitteln bekämpfe. Eure Moral, nicht nur die Moral der Bourgeoisphilister, sondern auch die erhabenste, die menschliche Moral, ist nur Religion, die das höchste Wesen vertauscht hat. Euer Recht, das Ihr mit dem Menschen geboren glaubt, ist nur ein Gespenst; und wenn Ihr es achtet, seid Ihr nicht vorgeschrittener wie die Helden des Homer, die in Schrecken geriethen, sobald sie einen Gott in den Reihen ihrer Feinde kämpfen sahen. Das Recht ist die Gewalt.

---
*) Der Einzige und sein Eigenthum, zweite Auflage, Leipzig 1882. S. 35—36.
**) Der Einzige ꝛc. S. 7—8.

„Wer die Gewalt hat, der hat — Recht; habt Ihr jene nicht, so habt ihr auch dieses nicht. Ist diese Weisheit so schwer zu erlangen?"*) Man will Mich bereden, Meine Interessen denen des Staates zu opfern. Ich im Gegentheil erkläre jedem Staat, selbst dem demokratischsten, Krieg auf Leben und Tod . . . Jeder Staat ist eine Despotie, seien nun Einer oder Viele der Despot, oder seien, wie man sich's wohl von einer Republik vorstellt, Alle die Herren, d. h. despotisire Einer den Andern. Es ist dies nämlich der Fall, wenn das jedesmal gegebene Gesetz, die ausgesprochene Willensmeinung etwa einer Volksversammlung, fortan für den Einzelnen Gesetz sein soll, dem er Gehorsam schuldig ist, oder gegen welches er die Pflicht des Gehorsams hat. Dächte man sich auch selbst den Fall, daß jeder Einzelne im Volke den gleichen Willen ausgesprochen hätte und hierdurch ein vollkommener „Gesammtwille" zu Stande gekommen wäre: die Sache bleibt dennoch dieselbe. Wäre Ich nicht an meinem gestrigen Willen heute und ferner gebunden? Mein Wille in diesem Falle wäre erstarrt. Die leidige Stabilität! Mein Geschöpf, nämlich ein bestimmter Willensausdruck, wäre mein Gebieter geworden. Ich aber in meinem Willen, Ich, der Schöpfer, wäre in meinem Flusse und meiner Auflösung gehemmt. Weil ich gestern ein Narr war, müßte ich's zeitlebens bleiben. So bin Ich im Staatsleben besten Falls — Ich könnte ebenso gut sagen: schlimmsten Falls — ein Knecht Meiner selbst. Weil ich gestern ein Wollender war, bin ich heute ein Willenloser, gestern freiwillig, heute unfreiwillig."**)

Hier könnte ein Parteigänger des „Volksstaat" Stirner entgegenhalten, daß sein „Ich" in dem Bestreben, die demokratische Freiheit ins Absurde zu ziehen, etwas zu weit geht; da ein schlechtes Gesetz abgeschafft werden kann, sobald dies die Majorität der Bürger will, sei man nicht stets gezwungen, sich ihm zeitlebens zu unterwerfen. Indeß das ist nur ein unbedeutendes Detail, und Stirner würde überdies antworten, daß gerade die Nothwendigkeit, erst an eine Majorität zu appelliren, beweise, daß Ich nicht Herr meiner eigenen Handlungen sei.

Die Schlüsse unseres Schriftstellers sind aus dem einfachen Grunde unwiderleglich, weil sagen: Ich erkenne nichts über Mir, schon behaupten heißt: Ich fühle mich durch jede Einrichtung unterdrückt, die mir irgend eine Pflicht auferlegt. Es ist dies eine einfache Tautologie.

Es ist klar, daß kein „Ich" allein existiren kann. Stirner weiß das sehr wohl, und das ist auch der Grund, weshalb er seine „Vereine der Egoisten" predigt, das heißt freie Ver-

---

*) Der Einzige 2c. S. 196—197.
**) Der Einzige 2c. S. 200.

einigungen, in die jedes „Ich" eintritt und in denen es bleibt, wann und so lange dies mit seinen Interessen übereinstimmt.

Machen wir hier ein Weilchen Halt.

Wir stehen vor einem „egoistischen" System par excellence. Es ist vielleicht das Einzige, das die Geschichte des menschlichen Gedankens überhaupt zu verzeichnen hat. Man hat die französischen Materialisten des vorigen Jahrhunderts beschuldigt, den Egoismus gepredigt zu haben. Man ist damit gewaltig im Irrthum. Die französischen Materialisten haben beständig „die Tugend" gepredigt, und sie haben dies mit einem so ungezügelten Eifer gethan, daß sich Grimm nicht mit Unrecht über ihre „Kapuzinaden" über diesen Gegenstand lustig machen durfte. Die Frage des Egoismus hatte für sie die Bedeutung eines doppelten „Problems":

1. Der Mensch ist nur Empfindung; dies war die Grundlage aller ihrer Betrachtungen über den Menschen; durch seine Natur selbst ist er daher gezwungen, das Leiden zu fliehen und das Vergnügen aufzusuchen; wie kommt es nun, daß wir die Menschen fähig sehen, für den Triumph irgend einer Idee, das heißt in letzter Instanz, um ihren Nächsten angenehme Empfindungen zu verschaffen, die größten Leiden zu ertragen?

2. Da der Mensch nichts als Empfindung ist, so würde er — in ein soziales Milieu versetzt, wo die Interessen des einen Individuums denen der anderen entgegengesetzt sind — seinen Nächsten Schaden zufügen. Welches ist nun die geeignete Gesetzgebung, das öffentliche Wohl mit dem der Individuen in Einklang zu bringen? — Hier, in diesem doppelten Problem, liegt die ganze Bedeutung dessen, was man die materialistische Ethik des achtzehnten Jahrhunderts nennt.

Max Stirner verfolgt ein durchaus entgegengesetztes Ziel. Er macht sich über die „Tugend" lustig und weit entfernt, ihren Triumph zu wünschen, sieht er nur in denjenigen Egoisten vernünftige Wesen, denen nichts über ihr eigenes „Ich" geht. Noch einmal, er ist der Theoretiker des Egoismus par excellence.

Die guten Bürger, deren Ohren ebenso keusch und tugendhaft sind als ihre Herzen hart, dieselben, die, während sie Wein trinken, „öffentlich Wasser predigen", sind durch Stirner's Immoralität in die äußerste Entrüstung versetzt worden; „das ist ja der völlige Ruin der Welt!" riefen sie aus. Doch wie es immer geschieht, zeigte sich die Tugend der Philister sehr schwach im Argumentiren. „Das wahre Verdienst Stirner's besteht darin, daß er das letzte Wort der jungen atheistischen

Schule (d. h. des linken Flügels der Hegel'schen Schule, G. P.) gesprochen hat", schrieb der Franzose St.=René=Taillandier. Die Philister anderer Länder hatten keine andere Meinung über das Verdienst des kühnen Schriftstellers. Vom Gesichtspunkt des modernen Sozialismus erscheint dieses Verdienst jedoch in einem durchaus anderen Lichte.

Erstens besteht das unbestreitbare Verdienst Stirner's darin, daß er öffentlich und energisch jene süßsaure Sentimentalität der bürgerlichen Reformer und vieler utopistischer Sozialisten bekämpft hat, wonach die Emanzipation des Proletariats das Resultat sein werde des „tugendhaften Handelns" von Leuten von „Hingebung" aus verschiedenen Klassen und hauptsächlich aus der Klasse der Besitzenden. Stirner weiß sehr gut, was von dem „Opfermuth" der Ausbeuter zu erwarten ist. Die „Reichen" sind hart, aber die „Armen" (dies die Terminologie unseres Autors) thun Unrecht, sich darüber zu beklagen; denn es sind nicht die Reichen, die das Elend der Armen schaffen, es sind die Armen, die den Reichthum der Reichen schaffen. Sie sollen daher mit sich selbst ins Gebet gehen, wenn ihre Lage eine bedrängte ist. Um sie zu ändern, brauchen sie sich nur gegen die Reichen aufzulehnen; sobald sie dies erst ernsthaft wollen, werden sie die Stärkeren sein und die Herrschaft des Reichthums wird ein Ende haben. Das Heil liegt im Kampf und nicht in unfruchtbaren Appellen an die Großmuth der Bedrücker. — Stirner predigt somit den Klassenkampf. Allerdings stellt er sich denselben unter der abstrakten Form des Kampfes einer gewissen Anzahl „Ichs" gegen eine minder große Anzahl nicht minder egoistischer „Ichs" vor. Indeß — hier stoßen wir auf ein anderes Verdienst Stirner's.

Nach Taillandier hat derselbe das letzte Wort der jungen atheistischen Schule der deutschen Philosophie gesprochen. In Wirklichkeit hat er nur das letzte Wort der idealistischen Spekulation gesprochen. Doch dieses Wort gesprochen zu haben, ist sein unbestreitbares Verdienst.

In seiner Kritik der Religion ist Feuerbach nur zur Hälfte Materialist. Indem der Mensch Gott anbetet, betet er nur sein eigenes idealisirtes Wesen an. Das ist richtig. Indeß die Religionen entstehen und gehen zu Grunde wie alles Andere hier auf Erden. Beweist dies nicht, daß das menschliche Wesen nicht unverändert bleibt, daß es sich im historischen Entwicklungsprozeß der Gesellschaft verändert? Ganz klar, daß dies in der That der Fall. Aber wenn dem so ist, was ist die Ursache der historischen Umwandlung der „menschlichen

Wesen"? Feuerbach weiß nichts davon. Für ihn ist das menschliche Wesen nur ein abstrakter Begriff, wie die menschliche Natur für die französischen Materialisten. Das ist der fundamentale Fehler seiner Religionskritik. Stirner merkt sehr wohl, daß sie keine ganz kräftige Konstitution hat, und er will sie dadurch stärken, daß er sie die frische Luft der Wirklichkeit einathmen läßt. Er wendet allen Phantomen, jedem „Gedankending" den Rücken. In Wirklichkeit, sagt er sich, giebt es nur Individuen, nehmen wir also das Individuum zum Ausgangspunkt. Aber welches Individuum nimmt er zu seinem Ausgangspunkt? Ist es Hans, Peter, Jakob, oder Isidor? Durchaus nicht, es ist das Individuum im Allgemeinen, es ist eine neue Abstraktion, und die magerste dazu, es ist das „Ich".

Stirner bildet sich naiver Weise ein, daß er auf eine alte philosophische Frage, über die schon die Nominalisten und Realisten des Mittelalters stritten, eine endgiltige Antwort giebt. „Keine Idee hat Dasein — sagt er — denn keine ist der Leibhaftigkeit fähig. Der scholastische Streit des Realismus und Nominalismus hat denselben Inhalt."

Ach! der erste beste Nominalist hätte unserem Autor bis zur vollständigen Gewißheit nachweisen können, daß sein „Ich" eine ebensolche „Idee" ist wie jede andere, daß es ebensowenig wirklich ist wie die mathematische Eins (unus).

Hans, Peter, Jakob, Isidor haben untereinander Beziehungen, die nicht von dem Willen ihres „Ich" abhängen, die ihnen durch die Beschaffenheit der Gesellschaft, in der sie leben, auferlegt worden sind. Soziale Einrichtungen im Namen des „Ich" kritisiren, heißt den einzigen in diesem Falle fruchtbaren Gesichtspunkt, den der Gesellschaft, der Gesetze ihres Lebens und ihrer Entwicklung, aufgeben und sich im Nebel der Abstraktion verlieren.

Der Nominalist Stirner gefällt sich gerade in diesem Nebel.
Ich bin Ich, das ist Ausgangspunkt;
Nicht-Ich ist nicht = Ich, das ist sein Resultat;
Ich + Ich + Ich + 2c. — das ist seine soziale Utopie. Es ist der in den Dienst der sozialen und politischen Kritik gestellte reine und einfache subjektive Idealismus. Es ist der Selbstmord der idealistischen Spekulation.

Aber schon im selben Jahre (1845), wo „Der Einzige" von Stirner erschien, erschien auch in Frankfurt am Main das Buch von Marx und Engels: „Die heilige Familie oder Kritik der kritischen Kritik, gegen Bruno Bauer und Konsorten." Dort wurde die idealistische Spekulation von dem dialektischen Materialismus, der theoretischen Grundlage des modernen Sozialismus, angegriffen und geschlagen. Der „Einzige" kam zu spät.

Wir haben soeben gesagt: Ich + Ich + Ich + ꝛc. — das ist die soziale Utopie Stirner's. Sein „Verein der Egoisten" ist thatsächlich nichts Anderes als eine Summe abstrakter Quantitäten. Welches sind, welches können die Grundlagen ihrer Vereinigung sein? Ihre Interessen, antwortet Stirner. Aber welches wird, welches kann die wirkliche Grundlage der einen oder anderen Verbindung ihrer Interessen sein? Stirner sagt nichts darüber, und er kann durchaus nichts irgendwie Bestimmtes darüber sagen, weil man von den Höhen der Abstraktion aus, in die er sich emporschwingt, in der ökonomischen Realität, der Mutter und Amme der — egoistischen oder altruistischen — „Ichs" nichts Genaues mehr erblickt.

Was Wunder, daß er sogar über jenen Begriff des Klassenkampfes, dem er sich sonst ziemlich glücklich nähert, nicht ins Klare kommen kann. Die „Armen" sollen die „Reichen" bekämpfen. Und was dann, wenn sie sie besiegt haben werden? Dann wird Jeder der früheren Armen, wie Jeder der früheren Reichen gegen jeden der früheren Armen und gegen jeden der früheren Reichen kämpfen. Dann wird „der Krieg Aller gegen Alle" sein. (Stirner bedient sich genau dieses Ausdrucks.) Und die Statuten der „Vereine der Egoisten" werden in diesem kolossalen Kriege, diesem allgemeinen Kampfe, ebenso viele partielle Waffenstillstände sein. Es liegt ein kriegerischer Humor darin, aber von dem Realismus, von dem Max Stirner träumte, nichts!

Verlassen wir hier die Vereine der Egoisten. Ein Utopist hat gut die Augen vor der ökonomischen Wirklichkeit schließen, dieselbe drängt sich ihm auf, ob er will oder nicht, sie verfolgt ihn überall mit der Brutalität einer durch die Wissenschaft nicht beherrschten Naturkraft. Die erhabene Region des abstrakten „Ich" bewahrt Stirner nicht vor den Zudringlichkeiten der ökonomischen Wirklichkeit. Er erzählt uns nicht nur vom „Einzigen": sein Thema ist „Der Einzige und sein Eigenthum". Nun, welches Gesicht zeigt dieses Eigenthum des „Einzigen"?

Es versteht sich von selbst, daß Stirner wenig geneigt ist, das Eigenthum als ein „erworbenes Recht" zu respektiren. „Rechtliches oder rechtmäßiges Eigenthum eines Anderen wird nur dasjenige sein, wovon Dirs recht ist, daß es sein Eigenthum sei. Hört es auf Dir, Dir recht zu sein, so hat es für Dich die Rechtmäßigkeit eingebüßt, und das absolute Recht daran wirst Du verlachen."*) Es ist immer dasselbe Lied: „Mir geht nichts über Mich." Der geringe Respekt vor dem Eigenthum des Anderen hindert indeß Stirner's „Ich" nicht, die Neigungen eines Eigenthümers zu besitzen. Das stärkste Argument „gegen den Kommunismus" ist für ihn die Erwägung, daß der Kommunismus, indem er das individuelle Eigenthum abschafft, aus allen Mitgliedern der Gesellschaft einfache „Lumpe" macht. Stirner ist über eine derartige Unbill empört:

„Nach der Meinung der Kommunisten soll die Gemeinde Eigenthümerin sein. Umgekehrt. „Ich" bin Eigenthümer und verständige mich nur mit Anderen über mein Eigenthum. Macht Mir's die Gemeinde nicht recht, so empöre Ich Mich gegen sie und vertheidige mein Eigenthum. Ich bin Eigenthümer, aber das Eigenthum ist nicht heilig. Ich wäre blos Besitzer? (Anspielung auf Proudhon. G. P.) Nein, bisher war man nur Besitzer, gesichert im Besitz einer Parzelle dadurch, daß man Andere auch im Besitz einer Parzelle ließ; jetzt aber gehört „Alles" Mir, Ich bin Eigenthümer von „Allem", dessen Ich brauche und habhaft werden kann. Heißt es sozialistisch: die Gesellschaft giebt mir, was Ich brauche, — so sagt der Egoist: Ich nehme Mir, was ich brauche. Geberden sich die Kommunisten als Lumpe, so benimmt sich der Egoist als Eigenthümer."**)

Das Eigenthum des Egoisten sieht wie ein nicht sehr gesichertes Ding aus. „Ein Egoist" bleibt Eigenthümer nur so lange, als die anderen „Egoisten" sich nicht entschließen, ihn zu berauben und ihn so in einen „Lump" zu verwandeln. Der Teufel ist jedoch nicht so schwarz, wie er auf den ersten Blick scheint. Stirner stellt sich die gegenseitigen Beziehungen der „egoistischen" Eigenthümer mehr wie solche des Tausches als solche des Raubes vor. Und die Macht, an welche er unablässig appellirt, ist vielmehr die ökonomische Macht eines von alten Fesseln, die der Staat und die „Gesellschaft" im Allgemeinen ihm auferlegen oder aufzuerlegen scheinen, befreiten Waarenproduzenten.

Es ist die Seele eines Waarenproduzenten, die aus dem Munde Stirner's spricht. Wenn er den Staat auf den Strich hat, so deshalb, weil der Staat ihm das „Eigenthum" der Waarenproduzenten nicht genug zu achten scheint. Er will sein Eigenthum, sein ganzes Eigenthum. Der Staat zwingt ihn, Steuern zu zahlen, der Staat erlaubt sich, ihn im Namen des öffentlichen Wohls zu expropriiren. Er will ein jus utendi

---

*) Der Einzige und sein Eigenthum.
**) Siehe S. 266.

et abutendi; der Staat sagt „einverstanden", aber, fügt er hinzu, es giebt Mißbräuche und Mißbräuche. Worauf Stirner ausruft: „Haltet den Dieb!" „Ich bin der Feind des Staates, sagt er, der stets in der Alternative schwebt: Er oder Ich ... Im Staate giebt es kein Eigenthum, d. h. kein Eigenthum des Einzelnen, sondern nur Staatseigenthum. Nur durch den Staat habe Ich, was Ich habe, wie Ich nur durch ihn bin, was Ich bin. Mein Privateigenthum ist nur dasjenige, was der Staat mir von dem Seinigen überläßt, indem er andere Staatsbürger darum verkürzt (privirt): das ist Staatseigenthum." Nieder also mit dem Staat, es lebe das einfache und vollkommene Eigenthum des Einzelnen!

Stirner hat Say's politische Oekonomie (Traité d'économie politique pratique de J. B. Say) ins Deutsche übersetzt.*) Und obgleich er auch Adam Smith übersetzt hat, hat er sich doch niemals über den engen Kreis bürgerlich vulgärökonomischer **Begriffe** zu erheben vermocht. Sein „Verein der Egoisten" ist nichts als eine Utopie eines empörten Kleinbürgers. In diesem Sinne kann man sagen, daß er das letzte Wort des bürgerlichen Individualismus gesprochen hat.

Noch ein drittes Verdienst gebührt Stirner. Nämlich den Muth seiner Meinung gehabt, seine individualistische Theorie bis zum äußersten Ende verfolgt zu haben. Er ist der unerschrockenste, der konsequenteste der Anarchisten. Neben ihm ist Proudhon, den Krapotkin, wie alle lebenden Anarchisten für den Vater der Anarchie halten, nur ein steifkragiger Philister.

* * *

Proudhon.

Wenn Stirner Feuerbach bekämpft, so ahmt der „unsterbliche" Proudhon „Kant" nach. „Was Kant vor beinahe 60 Jahren für die Religion gethan, was er vorher für die Gewißheit gethan, was andere vor ihm für das Glück oder das höchste Wohl versucht hatten, will die „Voix du Peuple" für die Regierung unternehmen," — erklärt erhaben „der Vater der Anarchie".

Sehen wir zu, wie er dabei verfährt und welches seine Resultate.

Nach Proudhon fragten sich vor Kant der Gläubige und der Philosoph „mit unwiderstehlicher Bewegung": was ist Gott? Weiter fragten sie sich: Welches ist von allen Religionen die beste? „Wenn wirklich über der Menschheit ein höheres Wesen existirt, so müßte es auch ein System von Beziehungen zwischen

---

*) Leipzig, 1845/46.

diesem Wesen und der Menschheit geben. Welches ist nun dieses System? Das Forschen nach der besten Religion ist der zweite Schritt, den der Menschengeist in der Vernunft und dem Glauben macht." Kant ließ diese Fragen als unlösbar fallen; er fragte sich nicht mehr, was ist Gott und welches ist die wahre Religion, sondern stellte sich die Aufgabe, den Ursprung und die Entwicklung der Gottesidee zu erklären; „er machte sich daran, die Biographie dieser Idee zu geben". Und er gelangte zu ebenso großartigen wie unerwarteten Resultaten. „Was wir in Gott suchen und in ihm sehen, ist, wie Malebranche sagte . . . unser eigenes Ideal, das reine Wesen der Menschheit . . . Die menschliche Seele erblickt sich anfangs nicht durch die reflektirte Betrachtung ihres Ich, wie die Psychologen meinen; sie erblickt sich außerhalb ihrer selbst, als ob sie ein von sich unterschiedenes Wesen wäre! Dieses umgekehrte Bild nennt sie Gott. So sind die Moral, die Gerechtigkeit, die Ordnung, die Gesetze nicht mehr von oben herab enthüllt, unserem freien Willen von einem unbekannten, unfaßbaren sogenannten Schöpfer auferlegte Dinge, sondern Dinge, die uns eigenthümlich und von unserem Wesen sind, wie unsere Fähigkeiten und unsere Organe, wie unser Fleisch und unser Blut. In zwei Worten: Religion und Gesellschaft sind gleichbedeutende Ausdrücke; der Mensch ist sich selbst so heilig als wäre er Gott."

Der Glaube an die Autorität ist ebenso ursprünglich, ebenso allgemein wie der Glaube an Gott. Ueberall wo es Menschen giebt, die in eine Gesellschaft sich gruppirt haben, giebt es eine Macht, den Anfang einer Regierung. Seit undenklicher Zeit fragt man sich: was ist die Regierungsgewalt, welches ist die beste Regierungsform, und vergeblich sucht man die Antworten auf diese Fragen: so viel Regierungen wie Religionen, so viel politische Theorieen, wie philosophische Systeme. Ist es möglich, dieser unaufhörlichen und unfruchtbaren Kontroverse ein Ende zu machen? Ist es möglich, aus dieser Sackgasse herauszukommen? Sicherlich! Wir brauchen nur dem Beispiel Kant's zu folgen. Wir müssen uns nur fragen, woher kommt diese Idee der Autorität, der Regierungsgewalt? Wir müssen uns nur über die Legitimität der politischen Idee Auskunft einholen. Ist sie erst auf diesen Boden gestellt, so löst sich die Frage mit erstaunlicher Leichtigkeit:

„Ebenso wie die Religion ist die Regierung eine Manifestirung der gesellschaftlichen Unbewußtheit („Spontaneität"), eine Vorbereitung der Menschheit auf einen höheren Zustand."

„Was die Menschheit in der Religion sucht und was sie Gott nennt, ist sie selbst."

„Was der Bürger in der Regierung sucht und was er König, Kaiser oder Präsident nennt, das ist er selbst, das ist die Freiheit."

„Außerhalb der Menschheit kein Gott; die theologische Auffassung hat keinen Sinn: — Außerhalb der Freiheit keine Regierung, die politische Auffassung ist ohne Werth."

Dies zur „Biographie" der politischen Idee. Einmal erkannt, muß sie uns über die zu ergründende Frage aufklären, welches die beste Regierungsform sei.

„Die beste Regierungsform ist, ebenso wie die vollkommenste Religion, wörtlich genommen, eine sich widersprechende Idee. Das Problem ist nicht, zu wissen, wie wir am besten regiert wären, sondern wie wir am freiesten wären. Die der Ordnung entsprechende und mit ihr übereinstimmende Freiheit, das ist Alles, was die öffentliche Gewalt und die Politik Wirkliches enthalten. Wie wird diese absolute Freiheit, die gleichbedeutend ist mit Ordnung, gebildet? Das wird uns die Analyse der verschiedenen Autoritätsformeln lehren. Im Uebrigen lassen wir ebensowenig die Beherrschung des Menschen durch den Menschen zu, wie die Ausbeutung des Menschen durch den Menschen."*)

Wir befinden uns nunmehr auf dem Gipfel der politischen Philosophie Proudhon's. Von hier nimmt der frische und belebende Strom seiner anarchistischen Gedanken seinen Ausgang. Bevor wir jedoch dem etwas gekrümmten Lauf dieses Stromes folgen, wollen wir einen Blick auf den Pfad werfen, auf welchem wir heraufgestiegen sind.

---

*) Siehe für alle oben gegebenen Zitate die Vorrede zur dritten Auflage der „Confessions d'un Revolutionnaire". Diese Vorrede ist nur ein Auszug aus der „Voix du Peuple" vom November 1849. Erst im Jahre 1849 begann Proudhon die anarchistische Theorie „auseinanderzusetzen". Im Jahre 1848 setzte er, mit Verlaub Krapotkin's, nur seine Austauschtheorie auseinander, wie man sich beim Durchlesen des sechsten Bandes seiner gesammelten Schriften (Paris 1868) überzeugen kann. Die „Kritik" der Demokratie, die vom März 1848 datirt, ist noch keine Auseinandersetzung der anarchistischen Theorie. Diese Kritik ist ein Theil des Werkchens „Lösung der sozialen Frage" („Solution du problème social"), und durch diese Lösung will Proudhon erreichen ohne Anleihe, ohne Münze, ohne Papiergeld, ohne Maximum, ohne Requisitionen, ohne Bankerott, ohne Ackergesetz, ohne Armentaxe, ohne Nationalwerkstätten, ohne Assoziation (!), ohne Theilhaberschaft, ohne Eingreifen des Staates, ohne Beschränkung der Freiheit des Handels und der Industrie, ohne Verletzung des Eigenthums, kurz und vor allem „ohne irgend welchen Klassenkampf". Eine wirklich „unsterbliche" Idee und werth der Bewunderung aller friedlichen, sentimentalen und grimmigen Bourgeois weißer, blauer oder rother Kouleur!

Wir hatten uns eingebildet, Kant zu folgen. Wir haben uns indeß getäuscht. In seiner „Kritik der reinen Vernunft" hat Kant nachgewiesen, daß es unmöglich ist, das Dasein Gottes zu beweisen, weil Alles, was außerhalb unserer Erfahrung steht, sich uns absolut entzieht. In seiner „Kritik der praktischen Vernunft" hat Kant im Namen der Moral das Dasein Gottes zugegeben. Aber niemals hat er gesagt, daß Gott nur das umgekehrte Bild unserer eigenen Seele sei. Was Proudhon ihm zuschreibt, gehört als unbestreitbares Eigenthum Feuerbach. Es ist also das Beispiel des Letzteren, dem wir gefolgt sind, wenn wir in großen Umrissen die „Biographie" der politischen Idee entworfen haben. Proudhon führt uns also gerade zu dem Punkt zurück, wo unsere sehr wenig sentimentale Reise mit Stirner begonnen hatte. Thut nichts, wir wollen noch einmal Feuerbach folgend argumentiren.

Es ist nur sich selbst, was die Menschheit in der Religion sucht. Es ist nur sich selbst, es ist die Freiheit, was der Bürger in der Regierung sucht … Ist demnach das Wesen des Bürgers die Freiheit? Nehmen wir an, es sei wahr, aber stellen wir zu gleicher Zeit fest, daß unser französischer „Kant" nichts, absolut nichts gethan hat, um die „Legitimität" einer solchen „Idee" zu beweisen. Und das ist nicht Alles. Welches ist diese Freiheit, von der wir annehmen, daß sie das Wesen des Bürgers sei? Ist es die politische Freiheit, die ganz natürlicherweise der hauptsächliche Gegenstand seiner Sorgen sein sollte? Keineswegs. Dieses vermuthen, hieße aus dem „Bürger" einen „autoritären" Demokraten machen. Es ist die der Ordnung gleichzeitig „adäquate" und mit ihr „identische" „absolute" Freiheit des Individuums, die unser Bürger in der Regierung sucht. Mit anderen Worten ausgedrückt ist es die Anarchie Proudhon's, die das Wesen des „Bürgers" ist. Man kann keine angenehmere Entdeckung machen, aber die „Biographie" dieser Entdeckung giebt zu denken. Wir haben alle Argumente zu Gunsten der Autoritätsidee zerstören wollen, wie Kant alle Beweise der Existenz Gottes zerstört hat. Um zu diesem Ziel zu gelangen, haben wir angenommen, daß es die Freiheit ist, welche der Bürger in der Regierung sucht, indem wir ein wenig Feuerbach nachahmten, demzufolge der Mensch in Gott sein eigenes Wesen anbetet. Und was die Freiheit anbetrifft, so haben wir sie mit einem Handgriff in die „absolute" Freiheit, die anarchistische Freiheit umgewandelt. Eins, zwei, drei, Geschwindigkeit ist keine Hexerei!

Da der „Bürger" in der Regierung nur die „absolute" Freiheit sucht, so ist der Staat nur eine Erdichtung („diese

Erdichtung einer höheren Persönlichkeit, Staat genannt"), und „alle diese Regierungsformeln, um welche die Völker und Bürger seit sechzig Jahrhunderten sich untereinander erwürgen, sind nur ein Phantasiebild unseres Geistes, das den Museen und Bibliotheken zu überweisen die erste Pflicht einer freien Vernunft ist". Noch eine schöne Entdeckung, im Vorbeigehen gemacht: Die politische Geschichte der Menschheit hat „seit sechzig Jahrhunderten" nur ein Phantasiegebild unseres Geistes zur Triebfeder.

Behaupten, daß der Mensch in Gott sein eigenes Wesen anbetet, heißt den Ursprung der Religion andeuten, aber das heißt noch nicht ihre Biographie schreiben. Die Biographie der Religion schreiben, heißt ihre Geschichte schreiben, indem man die Entwicklung dieses menschlichen Wesens erklärt, das in ihr seinen Ausdruck fand. Feuerbach hat es nicht gethan, er hat es nicht thun können. Proudhon, der Feuerbach nachahmen wollte, war sehr weit davon entfernt, die Unzulänglichkeit seines Gesichtspunktes zu begreifen. Alles, was er konnte, war, daß er Feuerbach für Kant nahm, und seinen Kant-Feuerbach auf ganz erbärmliche Manier nachäffte. Er hatte sagen hören, daß die Gottheit eine Dichtung sei; flugs schloß er, daß auch der Staat eine solche sei: da Gott nicht existirt, warum soll der Staat existiren? Proudhon wollte den Staat bekämpfen, und er beginnt damit, ihn als nicht existirend zu bezeichnen; das genügte für die Leser der „Voix du Peuple", Beifall zu klatschen, und für die Feinde des Herrn Proudhon, über die Tiefe seines philosophischen Geistes in Schrecken zu gerathen. Eine wahrhafte Tragikomödie!

Es ist für Leser unserer Tage fast unnöthig, hinzuzufügen, daß wir dadurch, daß wir den Staat für eine Erdichtung („Fiktion") erklären, es uns vollständig unmöglich machen, sei es sein „Wesen" zu begreifen, oder seine historische Entwicklung zu erklären. Dies geschah auch Proudhon.

„Ich unterscheide in jeder Gesellschaft zwei Arten der Konstitutionen. Die eine nenne ich die soziale Konstitution, die andere ist die politische Konstitution. Die erstere ist aufs innigste mit der Menschheit verknüpft („intime"), ist liberal, progressiv, und ihr Fortschritt besteht meist darin, sich von der zweiten zu befreien, welche wesentlich willkürlicher, unterdrückerischer und retrogader Natur ist. — Die soziale Konstitution ist nichts Anderes als das Gleichgewicht der auf dem freien Vertrag und der Organisation der ökonomischen Kräfte gegründeten Interessen, die im Allgemeinen sind: die Arbeit, die Theilung der Arbeit, die kollektive Kraft, die Konkurrenz, der Handel, das Geld, die Maschinen, der

Krebit, das Eigenthum, die Gleichheit in den Abmachungen, die Gegenseitigkeit der Garantieen ꝛc. — Die politische Konstitution hat als Prinzip die Autorität. Die Formen sind: die Klassenunterschiede, die Theilung der Gewalten, die administrative Zentralisation, die richterliche Hierarchie, die Repräsentation der Souveränetät durch die Wahl ꝛc. Sie ist in Ermangelung der sozialen Konstitution, deren Prinzipien und Regeln nur erst nach langen Erfahrungen entdeckt werden konnten und noch heute den Gegenstand sozialistischer Kontroversen bilden, erdacht und nach und nach ergänzt worden.

Diese zwei Konstitutionen sind, wie leicht zu ersehen ist, von Natur durchaus verschieden und sogar unvereinbar: doch da es das Schicksal der politischen Konstitution ist, die soziale Konstitution unaufhörlich herauszufordern und hervorzubringen, so schleicht und ordnet sich beständig etwas von der Letzteren in die Erstere ein, die, unzulänglich geworden, alsbald widerspruchsvoll und verhaßt erscheint und sich von Konzession zu Konzession bis zur definitiven Abschaffung getrieben findet."*)

Die soziale Konstitution ist mit der Menschheit „aufs innigste verknüpft", ihr nothwendig. Trotzdem konnte sie erst infolge langer Erfahrungen entdeckt werden, und weil sie fehlte, mußte die Menschheit die „politische Konstitution" erfinden. Ist das nicht eine vollständig utopistische Auffassung von der menschlichen Natur und der mit ihr innig verknüpften sozialen Organisation? Kehren wir damit nicht auf den Gesichtspunkt Morelly's zurück, der sagte, daß die Menschheit im ganzen Verlauf ihrer Geschichte immer „außerhalb der Natur" war? Nein, denn wir haben es gar nicht nöthig, zu ihm zurückzukehren: mit Proudhon haben wir ihn nicht für einen einzigen Augenblick verlassen. Wenn er auf die Utopisten und ihr Suchen nach der „besten Regierungsform" von oben herabsieht, so verurtheilt Proudhon durchaus nicht den Gesichtspunkt der Utopisten. Er macht sich nur über den geringen Scharfsinn der Leute lustig, die nicht herausgefunden haben, daß die beste politische Organisation die Abwesenheit jeder politischen Organisation, die der menschlichen „Natur" entsprechende, nothwendigste, mit der Menschheit „innig verknüpfte" soziale Organisation ist.

Die Natur der sozialen Konstitution ist absolut verschieden von der politischen Konstitution, und sogar unverträglich mit ihr. Nichtsdestoweniger ist es das „Schicksal" der politischen Konstitution, die soziale Konstitution unaufhörlich herauszufordern und zu produziren. Das ist ungeheuer konfus ausgedrückt. Man wird sich jedoch aus der Verlegenheit ziehen,

---

*) Les Confessions d'un Révolutionnaire. Ausgabe von 1868. Bd. IX. der gesammelten Schriften P. J. Proudhon's, S. 166—167.

wenn man annimmt, daß Proudhon sagen will: die politische Konstitution wirkt auf die Entwicklung der sozialen Konstitution. Hier indeß erhebt sich unvermeidlich eine Frage: hat die politische Konstitution nicht ihrerseits ihre Wurzeln, wie Guizot bereits zugab, in der sozialen Konstitution des betreffenden Landes? Unserm Autor gemäß — nein, umsomehr nein, als die soziale Organisation, als die wahre und einzige, erst eine Sache der Zukunft ist; es geschah ja mangels ihrer, daß die arme Menschheit sich die politische Konstitution ausdachte. Außerdem umfaßt die „politische Konstitution" Proudhon's ein sehr weites Gebiet: sie schließt sogar die „Klassenunterscheidung" und infolgedessen auch das nicht „organisirte" Eigenthum, das Eigenthum, wie es nicht sein sollte, das Eigenthum, wie es heute ist, ein. Und da diese ganze Konstitution nur in Erwartung der anarchistischen Organisation der Gesellschaft ausgedacht worden ist, so liegt es auch auf der Hand, daß die ganze bisherige Geschichte der Menschheit nichts gewesen ist, als ein ungeheurer Irrthum. Der Staat ist nicht gerade eine reine Fiktion, wie Proudhon im Jahre 1849 behauptet hatte; die „Regierungsformeln, um derentwillen sich die Völker und die Bürger seit sechzehn Jahrhunderten untereinander erwürgen", sind auch nicht nur ein bloßes „Phantasiebild unseres Geistes", wie derselbe Proudhon zur selben Zeit geglaubt, aber diese Formeln sind, wie der Staat, wie überhaupt die politische Konstitution, nur das Produkt der menschlichen Unwissenheit, der Mutter der Fiktionen und der Phantasiegebilde. Im Grunde genommen ist es jedesmal dieselbe Geschichte. Die Hauptsache ist, daß die anarchistische („soziale") Organisation nur hat entdeckt werden können „in der Folge von langen Erfahrungen". Der Leser sieht jetzt, wie bedauerlich das ist.

Die politische Konstitution hat einen unbestreitbaren Einfluß auf die soziale Organisation; sie fordert sie mindestens heraus, gerade das ist ihr, von Proudhon, dem Lehrer Kantischer Philosophie und sozialer Organisation, enthülltes „Schicksal". Der logische Schluß, der sich daraus ergiebt, wäre, daß die Anhänger der sozialen Organisation sich auch der politischen Organisation bedienen müssen, um zu ihrem Ziel zu gelangen. Aber so logisch derselbe auch sein mag, ist er doch nicht nach dem Geschmack unseres Autors. Für ihn ist er nur ein Phantasiebild unseres Geistes. Sich der politischen Konstitution bedienen, hieße dem fürchterlichen Gotte der Autorität opfern, hieße theilnehmen an dem Kampfe der Parteien. Proudhon will nichts dergleichen. „Keine Parteien mehr, keine Autorität mehr, absolute Freiheit des Menschen und des

Bürgers: das ist — sagt er — in drei Worten unser politisches und soziales Glaubensbekenntniß."*)

Jeder Klassenkampf ist ein politischer Kampf. Wer nicht vom politischen Kampf hören will, verzichtet damit bereits darauf, irgendwie Antheil zu nehmen an dem Klassenkampf selbst. Dies ist der Fall bei Proudhon. Vom Beginn der 1848er Revolution an predigte er die Aussöhnung der Klassen. Hier zum Beispiel ein Stück aus dem Zirkular, das er an seine Wähler im Departement Doubs richtete, und das vom 8. April des genannten Jahres datirt ist:

„Die soziale Frage ist gestellt. Ihr werdet ihr nicht entgehen. Um sie zu lösen, sind Männer nöthig, welche mit dem radikalsten zugleich den konservativsten Geist verbinden, Arbeiter, reicht Euren Prinzipalen die Hand; und Ihr, Arbeitgeber, stoßt nicht das Entgegenkommen Derjenigen zurück, welche Eure Lohnempfänger waren."

Der Mensch, von dem Proudhon glaubte, daß er das Extrem radikalen Geistes mit dem Extrem konservativen Geistes vereinigen könne, war er selbst, P. J. Proudhon. Es steckt in dieser Idee einerseits eine „Fiktion", die allen Utopisten eigenthümlich ist, welche sich einbildeten, sich über die Klassen und deren Kämpfe erheben zu können, und die ganz naiv glaubten, die ganze weitere Geschichte der Menschheit müßte sich auf die friedliche Propaganda ihres neuen Evangeliums reduziren.

Andererseits aber enthüllt dieses Bestreben, den Radikalismus mit dem Konservatismus zu vereinigen, so klar wie nur etwas das „Wesen" des „Vaters der Anarchie" selbst. Proudhon war der typischste Repräsentant des Sozialismus des Kleinbürgerthums.

Nun ist es eben das „Schicksal" des Kleinbürgers — so lange derselbe sich nicht auf den Standpunkt des Proletariats stellt —, beständig zwischen dem Radikalismus und dem Konservatismus zu schwanken. Um das besser zu verstehen, muß man sich vergegenwärtigen, worin der soziale Organisationsplan, den Proudhon vorgeschlagen, bestand.

Lassen wir unsern Autor selbst sprechen. Es versteht sich von selbst, daß wir in diesem Falle nicht umhin können werden, gelegentlich mit dem mehr oder weniger authentisch interpretirten Kant zu thun zu haben.

„So wird der Weg, den wir in der Behandlung der politischen Frage und in der Vorbereitung der Materialien für eine Verfassungs-Revision einzuschlagen gedenken, derselbe sein, den wir in der Behandlung der sozialen Frage bis zu diesem Tage be-

---

*) Confessions S. 25—86.

obachtet haben. Die „Voix du Peuple" wird, indem sie das Werk der beiden Blätter, die ihr vorhergegangen, weiterführt, getreu ihre Fußtapfen einhalten.*)

„Was hatten wir in diesen zwei Blättern gesagt, die nacheinander unter den Streichen der Reaktion und des Belagerungszustandes gefällt worden? Wir fragen nicht, wie es bis dahin unsere Vorgänger und Gesinnungsgenossen gethan haben: Welches ist das beste System der Gemeinschaftlichkeit (communauté)? Welches ist die beste Organisation des Eigenthums? Oder etwa, was ist das Bessere vom Eigenthum oder der Gemeinschaftlichkeit? Was von der Theorie Saint-Simon's oder derjenigen Fourier's, vom System Louis Blanc's oder demjenigen Cabet's? — Nach dem Beispiel Kant's stellten wir die Frage so: — wie besitzt der Mensch? Wie erwirbt er Eigenthum? Wie verliert er dasselbe? Welches ist das Gesetz seiner Entwicklung und Umwandlung? Wo strebt es hin? Was will es? Was endlich stellt es vor?... Ferner, wie arbeitet der Mensch? Wie findet die Vergleichung der Produkte statt? Wie geht die Zirkulation in der Gesellschaft vor sich? Unter welchen Bedingungen? Nach welchen Gesetzen? Und das Ergebniß dieser ganzen Monographie des Eigenthums war folgendes: Das Eigenthum zeigt an die Verrichtung oder die Zutheilung; die Gemeinschaftlichkeit, die Gegenseitigkeit der Handlung; der beständig abnehmende Wucher (Zins), die Identität der Arbeit und des Kapitals (sic!). Was muß geschehen, um die Loslösung und Verwirklichung aller dieser Ausdrücke zu bewirken, die bis jetzt in die alten Eigenthumssymbole eingehüllt waren? Die Arbeiter müssen sich gegenseitig die Arbeit und den Absatz garantiren, sie müssen zu diesem Zweck ihre gegenseitigen Verpflichtungen als Geld annehmen. Nun wohl! Wir sagen heute: die politische Freiheit wird für uns, ebenso wie die industrielle Freiheit, aus der gegenseitigen Garantie hervorgehen. Dadurch, daß wir einander die Freiheit garantiren, werden wir dieser Regierung entgehen, deren Bestimmung darin besteht, die republikanische Devise: Freiheit, Gleichheit, Brüderlichkeit symbolisch darzustellen, wobei es unserer Intelligenz überlassen bleibt, die Verwirklichung dieser Devise zu finden. Wohlan, welches ist die Formel dieser politischen und freiheitlichen („libérale") Garantie? Zur Zeit das allgemeine Wahlrecht; später der freie Kontrakt... Oekonomische und soziale Reform durch die gegenseitige Garantie des Kredits; politische Reform durch die Vereinbarung individueller Freiheiten; dies das Programm der „Voix du Peuple".**)

Wir fügen dem hinzu, daß es nicht schwer ist, die „Biographie" dieses Programms zu entwerfen.

_____

*) Er spricht von den Blättern „Le Peuple" und „Le Représentant du Peuple", die er vor der „Voix du Peuple" in den Jahren 1848—49 veröffentlicht hatte.
**) Confessions, p. 7—8.

In einer Gesellschaft von Waarenprobuzenten vollzieht sich der Austausch der Produkte nach der zu ihrer Herstellung gesellschaftlich nothwendigen Arbeit. Die Arbeit ist die Quelle und das Maß des Tauschwerths. Das erscheint jedem Menschen, der erfüllt ist von den Ideen, wie sie die Gesellschaft von Waarenprobuzenten erzeugt, so „gerecht" wie nur etwas. Unglücklicherweise ist diese „Gerechtigkeit" aber nicht „ewig", wie dies ja nichts hier auf Erden ist. Die Entwicklung der Waarenproduktion führt nothwendigerweise die Umwandlung des größten Theils der Gesellschaft in Proletarier mit sich, die nichts als ihre Arbeitskraft besitzen, und eines anderen Theils in Kapitalisten, die, indem sie diese Kraft, die einzige Waare der Proletarier, kaufen, daraus eine Quelle ihrer eigenen Bereicherung machen. Indem er für Rechnung der Kapitalisten arbeitet, produzirt der Arbeiter das Einkommen seines Ausbeuters und zu gleicher Zeit sein eigenes Elend, seine eigene soziale Abhängigkeit. Ist das ungerecht genug? Der Anhänger des Rechts der Waarenprobuzenten beklagt das Loos der Proletarier, er donnert gegen das Kapital. Zur selben Zeit donnert er jedoch gegen die revolutionären Tendenzen der Proletarier, die von der Expropriation der Ausbeuter und von kommunistischer Organisation der Produktion sprechen. Der Kommunismus ist das Unrecht, ist die häßlichste Tyrannei! Was man organisiren muß, ist nicht die Produktion, sondern der Austausch, versichert er. Aber wie den Austausch organisiren? Das ist sehr leicht, und was sich täglich vor unsern bekümmerten Augen abspielt, kann uns den Weg zeigen. Die Arbeit ist die Quelle und das Maß des Werthes der Waaren. Aber ist der Preis der Waaren immer durch ihren Werth bestimmt? Wechselt nicht der Preis beständig gemäß der Seltenheit oder der Massenhaftigkeit der Waaren? Der Werth einer Waare und ihr Preis sind zweierlei, und darin liegt das Unglück, unser großes Unglück, die wir, allesammt arme und ehrliche Leute, nichts als unser Recht wollen, nichts zu besitzen erstreben, als was uns zukommt. Um die soziale Frage zu lösen, muß man also der „Willkür des Preises", der „Anomalie des Werthes" (eigener Ausdruck Proudhon's) ein Ende machen. Und darum muß man „den Werth konstituiren", d. h. bewirken, daß jeder Produzent für seine Waare genau das erhält, was sie kostet. Dann wird das Privateigenthum nicht nur aufhören, „Diebstahl" zu sein, es wird auch der entsprechendste Ausdruck der Gerechtigkeit sein. Den Werth konstituiren, heißt das kleine Privateigenthum konstituiren, und wenn der kleine Privatbesitz erst konstituirt ist, dann wird in unserer

Welt, die jetzt voller Elend und Ungerechtigkeit ist, Alles Gerechtigkeit und Glück sein. Und daß die Proletarier nur nicht etwa einwenden, sie hätten keine Produktionsmittel: dadurch, daß sie sich einen unentgeltlichen Kredit garantiren, werden sich alle diejenigen, die arbeiten wollen, wie durch einen Zauberstab im Besitz alles dessen befinden, was zum Produziren nothwendig ist.

Das kleine Eigenthum und die zerstückelte Kleinproduktion, seine ökonomische Basis, ist immer der Traum Proudhon's gewesen. Die große moderne mechanische Werkstatt hat ihm stets tiefe Abneigung eingeflößt. Er sagt, die Arbeit wie die Liebe fliehe die „Gesellschaft". Gewiß gäbe es einige Industrien — Proudhon führt die Eisenbahnen an — wo die Assoziation unerläßlich sei. Da müsse der vereinzelte Produzent den „Arbeiter-Gesellschaften" Platz machen. Aber die Ausnahme bestätigt nur die Regel.*) Das kleine Privateigenthum muß die Basis der sozialen Organisation bilden.

Das kleine Privateigenthum hat die Tendenz, zu verschwinden. Es nicht nur forterhalten, sondern es auch zur Basis der neuen sozialen Organisation gestalten wollen, ist der extremste Konservatismus. — Zur gleichen Zeit aber „der Ausbeutung des Menschen durch den Menschen", dem Lohnsystem ein Ende machen wollen, heißt in Wahrheit die radikalsten Wünsche mit den konservativsten Tendenzen vereinigen.

Wir wollen hier nicht diese kleinbürgerliche Utopie kritisiren. Ihre Kritik ist bereits in den Werken von Marx „Das Elend der Philosophie" und „Zur Kritik der politischen Oekonomie" mit Meisterschaft vollzogen worden. Wir wollen nur folgendes bemerken:

Das einzige Band, das die Waarenproduzenten auf dem ökonomischen Gebiet mit einander verbindet, ist der Tausch. Vom juristischen Standpunkt aus erscheint der Tausch als die Beziehung zweier „Willen" aufeinander. Die Beziehung zweier Willen findet ihren Ausdruck in dem „Vertrag". Die schulgerecht „konstituirte" Waarenproduktion ist demnach die Herrschaft der „absoluten" individuellen Freiheit: indem ich mich durch einen Vertrag verpflichte, eine solche oder andere Sache zu verrichten, eine solche oder andere Waare zu liefern, verzichte ich

---

*) Für Proudhon war „das von den meisten Schulen angerufene Prinzip der Assoziation ein durchaus unfruchtbares Prinzip, weder eine industrielle Kraft noch ein ökonomisches Gesetz.... es wäre vielmehr Regierung und Gehorsam, zwei Begriffe, die die Revolution ausschließt." (Idée générale de la Révolution au XIX. siècle, deuxième édition, Paris 1851. p. 193).

nicht auf meine Freiheit. Weit davon entfernt. Ich nutze sie aus, um mit meinem Nächsten in Verkehr zu treten. Indeß zu gleicher Zeit ist der Vertrag ein Regulirer meiner Freiheit; indem ich die Pflicht erfülle, die ich durch Schließung des Vertrages freiwillig mir auferlegt, werde ich den Rechten Anderer gerecht. So wird die „absolute" Freiheit der „Ordnung" adäquat.

Wendet den Begriff des Vertrags bei der Kritik der „politischen Konstitution" an und ihr habt die „Anarchie"!

„Die Idee des Vertrags schließt die der Herrschaft aus.... Was den Vertrag, die wechselseitige Uebereinkunft, charakterisirt, ist, daß Dank dieser Uebereinkunft die Freiheit und das Glück des Menschen vermehrt werden, während durch die Einsetzung einer Autorität die eine wie das andere sich vermindern.... Wenn der Vertrag schon in seiner gewöhnlichsten Bedeutung und in seiner täglichen Praxis so beschaffen ist, was wird erst der soziale Vertrag sein, der, welcher gemeint ist, die Glieder einer Nation in einem gleichen Interesse mit einander zu verbinden?

„Der soziale Vertrag ist der erhabenste Akt, durch welchen jeder Bürger seine Liebe, seine Intelligenz, seine Arbeit, seine Dienste, seine Produkte, seine Güter der Gesellschaft zur Verfügung stellt, als Gegenleistung für die Hingabe, die Ideen, die Arbeiten, Produkte, Dienste und Güter seines Gleichen, wobei das Maß des Rechtes für Jedermann stets bestimmt wird durch den Werth seines Beitrags, und die Deckung freisteht nach Maßgabe der Lieferungen.... Der soziale Vertrag muß von allen, die an ihm betheiligt sind, frei diskutirt, individuell gebilligt und mit eigner Hand („manu propria") unterzeichnet werden —... Der soziale Vertrag ist dem Wesen nach gleich dem Tauschvertrag: Nicht nur läßt er ihm (dem Zeichner) das volle Maß („l'intégralité") seiner Güter, er fügt auch seinem Eigenthum noch hinzu; er schreibt seiner Arbeit nichts vor, er bezieht sich nur auf die Tausche.... So muß nach den Bestimmungen des Rechts und der allgemeinen Praxis der soziale Vertrag sein."*)

Einmal als unbestreitbares und wesentliches Prinzip zugegeben, daß der Vertrag „das einzige moralische Band ist, das gleiche und freie Wesen annehmen können", ist nichts leichter als eine „radikale" Kritik der „politischen Verfassung" fertig zu bringen. Es handle sich zum Beispiel um die Gerechtigkeit des Strafrechts. Wohlan, Proudhon würde fragen: laut welchem Vertrag spricht sich die Gesellschaft das Recht zu, den Verbrecher zu strafen?

---

*) Idée générale de la Révolution au XIX. siècle, deuxième édition, Paris 1851. p. 124—127.

„Da wo es keine Uebereinkunft giebt, kann es vor dem äußeren Richterstuhl weder Verbrechen noch Vergehen geben ... Das Gesetz ist der Ausdruck der Volkssouveränität, d. h., oder ich verstehe mich nicht darauf, der soziale Kontrakt, die eigene persönliche Verpflichtung des Menschen und des Bürgers. Solange ich dieses Gesetz nicht gewollt habe, solange ich ihm nicht zugestimmt, nicht über es abgestimmt, es nicht unterzeichnet habe, verpflichtet es mich nicht, existirt es nicht für mich. Es heranziehen, bevor ich es kenne und es trotz meines Protestirens gegen mich ausspielen wollen, heißt ihm eine rückwirkende Kraft geben und es selbst übertreten. Alle Tage passirt es euch, daß ihr ein Urtheil eines Formfehlers wegen umstoßt. Aber keiner eurer Akte, der nicht mit dem Makel der Nichtigkeit und zwar der ungeheuerlichsten aller Nichtigkeiten behaftet wäre: der Unterstellung des Gesetzes. Poufflard, Lacenaire, alle Verbrecher, die ihr zum Richtplatz schickt, regen sich in ihrer Grube und klagen euch der Rechtsfälschung an. Was habt ihr ihnen zu antworten."*)

Handelt es sich um die „Verwaltung" und die Polizei, so stimmt Proudhon das gleiche Lied vom Vertrag und der freien Zustimmung an.

„Können wir nicht ebenso gut, ja besser unsere Güter verwalten, unsere Rechnungen reguliren, unsere Differenzen ausgleichen, für unsere gemeinsamen Interessen eintreten, wie wir über unser Heil wachen und unsere Seelen pflegen? Was haben wir sowohl mit der Staatsgesetzgebung als mit der Staatsjustiz, was mit der Staatspolizei und mit der Staatsverwaltung mehr zu thun als mit der Staatsreligion?"**)

Was das Finanzministerium anbetrifft, so ist klar, daß seine Existenzberechtigung durchaus bei den anderen Ministerien ruht ... Hebt das politische Gespann auf, und ihr wißt nicht, was noch mit einer Verwaltung anfangen, deren einziger Zweck darin besteht, die Mittel für dasselbe zu beschaffen und zu vertheilen.***)

Das ist logisch und „radikal", und um so radikaler, als Proudhon's Formel, der konstituirte Werth, der freie Vertrag eine „universelle Formel" ist, die sich mit Leichtigkeit und sogar Nothwendigkeit bei allen Völkern anwenden läßt. „Es ist in der That mit der politischen Oekonomie wie mit den andern Wissenschaften: sie ist nothwendigerweise die gleiche auf der ganzen Erde, sie hängt nicht von den Uebereinkünften der Menschen und der Nationen ab, sie unterwirft sich nicht der Laune irgend welcher Person. Es giebt ebensowenig eine russische, englische, öster-

---

*) Idée générale de la Revolution. p. 298—299.
**) Ebendaselbst S. 304.
***) Ebendaselbst.

reichische, tartarische oder indische politische Oekonomie, wie es eine ungarische, deutsche oder amerikanische Physik oder Geometrie giebt. Die Wahrheit ist überall sich selbst gleich: Die Wissenschaft ist die Einheit des menschlichen Geschlechts. Wenn also weder die Wissenschaft, und nicht mehr die Religion oder die Autorität in jedem Lande zur Norm der Gesellschaft, zum höchsten Schiedsrichter der Interessen genommen wird, so werden, da alsdann das Regierungssystem nichtig geworden, alle Gesetzgebungen des Weltalls übereinstimmen."*)

Genug davon. Die „Biographie" dessen, was Proudhon sein Programm genannt, kennen wir jetzt vollauf. In seinem „ökonomischen Theil" ist es nichts als die Utopie eines Kleinbürgers, der fest davon überzeugt ist, daß die Waarenproduktion die „gerechteste" aller möglichen Produktionsweisen ist, und der ihre bösen Seiten (daher sein „Radikalismus") ausmerzen will, dagegen ihre Vortheile für alle Ewigkeit erhalten möchte (daher sein „Konservatismus"). In seinem politischen Theil ist dieses Programm nur die Anwendung eines aus der Domäne des Privatrechts der Gesellschaft der Waarenproduzenten geschöpften Begriffs des „Vertrags" auf die öffentlichen Verhältnisse. Der „konstituirte Werth" in der Oekonomie, der „Vertrag" in der Politik, das ist die ganze wissenschaftliche „Wahrheit" Proudhon's. Er mag die Utopisten noch so sehr bekämpfen, er ist selbst bis zu seinen Fingerspitzen Utopist. Was ihn von Männern wie Saint-Simon, Fourier und R. Owen unterscheidet, ist die Armuth und äußerste Beschränktheit des Geistes, ist der Haß gegen jede wirklich revolutionäre Bewegung und Idee.

Proudhon kritisirte die politische Verfassung vom Gesichtspunkt des Privatrechts. Er wollte das Privateigenthum verewigen und den Staat, diese gefährliche „Fiktion", für immer zerstören. Schon Guizot hatte ausgesprochen, daß die politische Konstitution eines Landes in den daselbst herrschenden Zuständen des Eigenthums ihre Wurzel habe. Für Proudhon verdankt die politische Konstitution ihren Ursprung der „menschlichen Unwissenheit", ward sie nur in Ermangelung einer im Jahre des Herrn so und so endlich von ihm, Proudhon, erfundenen „sozialen Organisation" „ausgedacht". Er urtheilt über die politische Geschichte der Menschheit wie ein Utopist.

Indeß die utopistische Verneinung der Wirklichkeit schützt uns durchaus nicht vor deren Einfluß. Auf der einen Seite eines utopistischen Werkes negirt, nimmt sie auf einer andern

---

*) Ebendaselbst S. 328.

ihre Revanche, wobei sie oft gerade in ihrer ganzen Nacktheit erscheint. So „verneint" Proudhon, wie wir gesehen, den Staat. „Nein, nein", wiederholt er bis zum Ueberdruß, „ich will keinen Staat, selbst als Diener nicht; ich weise selbst die direkte Regierung zurück". Indeß, o Ironie der Wirklichkeit! Weiß der Leser, wie er, Proudhon, sich die Konstituirung des Werthes „vorstellt"? Das ist eine interessante Geschichte.

Die Konstitution des Werthes besteht im Verkauf zum gerechten Preis, zum „Kostenpreis".*) Wenn der Kaufmann sich weigert, seine Waare zum Kostenpreis zu liefern, so deshalb, weil er nicht die Gewißheit hat, so viel zu verkaufen, als hinreicht, ihm ein Einkommen zu bilden; außerdem hat er keine Gewähr, für seine Einkäufe den entsprechenden Betrag zurückzuerhalten. Er braucht also Garantieen. Und diese Garantieen können „auf verschiedene Weise bestehen". Hier eine davon.

„Nehmen wir an, die provisorische Regierung oder die konstituirende Versammlung ... hätten ernsthaft die Absicht gehabt, die Wiederaufnahme der Geschäfte zu bewirken, den Handel, die Industrie, die Landwirthschaft neu zu beleben, die Entwerthung des Eigenthums aufzuhalten und den Arbeitern Arbeit zu verschaffen ... Man konnte dies, indem man zum Beispiel den ersten zehntausend Unternehmern, Fabrikanten, Manufakturisten, Kaufleuten 2c. der ganzen Republik 5 pCt. Zins auf die Kapitalien garantirte, die Jeder von ihnen bis zur Summe von durchschnittlich 100 000 Frcs. ins Geschäft stecken würde ... Es ist klar, daß der Staat ..."**)

Genug! „Es ist klar, daß der Staat" sich Proudhon aufdrängt, mindestens „als Diener" ... Und das mit einer so unwiderstehlichen Kraft, daß unser Autor damit enbigt, sich zu ergeben, und feierlich ausruft:

„Ja, ich sage es ganz laut: die Arbeiter-Assoziationen von Paris und den Departements halten das Heil des Volkes, die Zukunft der Revolution in ihrer Hand. Sie können Alles, wenn sie es verstehen, mit Geschicklichkeit vorzugehen. Ein neuer Aufschwung der Energie muß Licht in die verstocktesten Köpfe tragen, und bei den Wahlen von 1852 (er schrieb dies im Sommer 1851) auf die Tagesordnung setzen, und zwar an die Spitze derselben: die Konstitution des Werthes".***)

Somit „keine Parteien mehr!" „Keine Politik!" wenn es sich um den Klassenkampf handelt, und .... „es lebe die Politik! es lebe die Wahlagitation! es lebe die Staats-

---

*) So faßte Proudhon die Bestimmung des Werthes durch die Arbeit auf. Er hat niemals einen Ricardo verstehen können.
**) A. a. O. S. 266.
***) Idée générale etc. p. 268.

aktion!" wenn es sich um die Verwirklichung der flachen und mageren Utopie Proudhon's handelt.

„Destruam et aedificabo", sagt Proudhon von sich, „ich werde zerstören und wieder aufbauen." Es steckt viel von der pomphaften Eitelkeit darin, die ihm so sehr eigen ist. Andererseits ist es jedoch, um uns dieses Ausspruchs Figaro's zu bedienen, die wahrste Wahrheit, die er je in seinem Leben gesagt hat. „Er zerstört" und er „erbaut". Nur enthüllt sich das Geheimniß seiner „destructio" vollständig durch die Formel: „Der Vertrag löst alle Probleme". Das Geheimniß seiner „aedificatio" aber liegt in der Stärke der sozialen und politischen bürgerlichen Wirklichkeit, mit der er sich um so leichter versöhnt, als es ihm nicht gelingt, ihr irgend eines ihrer „Geheimnisse" zu „entreißen".

Proudhon will vom Staat nichts hören. Und dennoch baut er — abgesehen von praktischen Vorschlägen in der Art der Konstituirung des Werths, mit denen er sich an die widrige „Fiktion" wendet — selbst in der Theorie den Staat, kaum daß er ihn „zerstört" hat, alsbald wieder auf. Was er dem „Staat," entzieht, verehrt er den „Gemeinden" und den „Departements". An der Stelle eines großen Staates sehen wir eine Anzahl kleiner Staaten erstehen, an der Stelle einer großen „Fiktion" eine Anzahl kleiner. Am Ende der Dinge löst sich die „Anarchie" in den Föderalismus auf, der unter anderen Vortheilen auch den hat, den Erfolg der revolutionären Bewegungen bedeutend schwerer zu gestalten, als derselbe in einem zentralisirten Staat*) ist. Damit endigt die „allgemeine Idee der Revolution" Proudhon's.

Interessant ist, daß der „Vater" von Proudhon's Anarchie Niemand anders ist, als Saint-Simon. Saint-Simon hat es ausgesprochen, daß das Ziel der sozialen Organisation die Produktion sei, und daß folglich die politische Wissenschaft sich auf die Oekonomie reduziren, die Kunst, die „Menschen zu beherrschen", der Kunst, die „Dinge zu verwalten", Platz machen muß. Er hat das Menschengeschlecht mit dem Individuum verglichen, das in der Kindheit seinen Eltern gehorcht und im reifen Alter damit endet, nur sich selbst zu gehorchen. Proudhon bemächtigte sich dieser Idee und dieses Vergleichs, und „erbaute" mit Hilfe der Konstituirung des Werthes die Anarchie. Indeß ein Mann von dem fruchtbaren Genie Saint-Simon's wäre der erste gewesen, vor dem zurückzuschrecken, was der sozialistische Kleinbourgeois aus seiner politischen Theorie

---

*) Siehe das Buch „Du Principe fédératif".

gemacht. Der moderne wissenschaftliche Sozialismus hat es besser verstanden, die Theorie Saint=Simon's weiter zu entwickeln. Indem er den historischen Ursprung des Staats erklärt, zeigt er gerade damit die Bedingungen seines zukünftigen Ver= schwindens an.

„Der Staat war der offizielle Repräsentant der ganzen Gesellschaft, ihre Zusammenfassung in einer sichtbaren Körper= schaft, aber er war dies nur, insofern er der Staat derjenigen Klasse war, welche selbst für ihre Zeit die ganze Gesellschaft vertrat: im Alterthum Staat der Sklaven haltenden Staats= bürger, im Mittelalter des Feudaladels, in unserer Zeit der Bourgeoisie. Indem er endlich thatsächlich Repräsentant der ganzen Gesellschaft wird, macht er sich selbst überflüssig. So= bald es keine Gesellschaftsklasse mehr in der Unterdrückung zu halten giebt, sobald mit der Klassenherrschaft und dem in der bisherigen Anarchie der Produktion begründeten Kampf ums Einzeldasein auch die daraus entspringenden Kollisionen und Exzesse beseitigt sind, giebt es nichts mehr zu reprimiren, das eine besondere Repressionsgewalt, einen Staat, nöthig machte. Der erste Akt, worin der Staat wirklich als Repräsentant der ganzen Gesellschaft auftritt — die Besitzergreifung der Pro= duktionsmittel im Namen der Gesellschaft — ist zugleich sein letzter selbständiger Akt als Staat. Das Eingreifen einer Staats= gewalt in gesellschaftliche Verhältnisse wird auf einem Gebiete nach dem anderen überflüssig und schläft dann von selbst ein. An die Stelle der Regierung über Personen tritt die Verwaltung von Sachen und die Leitung von Produktionsprozessen. Der Staat wird nicht abgeschafft; er stirbt ab."*)

* * *

Bakunin.

Wir haben gesehen, wie die „Väter" der Anarchie bei ihrer Kritik der „politischen Verfassung" stets vom utopistischen Gesichtspunkt ausgingen. Jeder von ihnen stützte sich auf ein abstraktes Prinzip: Stirner auf das des „Ich", Proudhon auf das des „Vertrags". Der Leser hat ferner gesehen, daß die beiden „Väter" Individualisten vom reinsten Wasser waren.

Der Einfluß des proudhonistischen Individualismus war während einer gewissen Zeit in den Ländern lateinischer Zunge (Frankreich, Belgien, Italien, Spanien) und in slavischen Ländern (hauptsächlich in Rußland) sehr stark. Die innere Ge= schichte der Internationalen Arbeiter=Assoziation ist die

---

*) Friedrich Engels, Entwicklung des Sozialismus von der Utopie zur Wissenschaft.

Geschichte des Kampfes zwischen dem Proudhonismus und dem von Marx entwickelten modernen Sozialismus. Nicht nur Männer wie Tolain, Chemalé oder Murat, sondern auch solche, die diesen weit überlegen waren, wie zum Beispiel de Paepe, waren lediglich mehr oder weniger versteckte, mehr oder weniger konsequente „Mutualisten". Aber je mehr sich die Arbeiterbewegung entwickelte, desto klarer wurde es, daß der „Mutualismus" keineswegs ihr theoretischer Ausdruck sein konnte. Auf den internationalen Kongressen wurden die Mutualisten durch die Logik der Dinge gezwungen, für „kommunistische Resolutionen" zu stimmen. Solches geschah zum Beispiel in Brüssel bei Gelegenheit der Diskussion über das Grundeigenthum.*)
Nach und nach verließ der linke Flügel der Proudhonistischen Armee den Boden des Individualismus, um sich auf dem des „Kollektivismus" zu verschanzen.

Das Wort „Kollektivismus" wurde zu jener Zeit in einem Sinne gebraucht, der durchaus entgegengesetzt ist der Bedeutung, die es heute in dem Munde von französischen Marxisten, wie Jules Guesde und seiner Freunde, hat. Der hervorragendste Verfechter des Kollektivismus war damals Michael Bakunin.

Indem wir von diesem Mann sprechen, gehen wir sowohl über seine Propaganda zu Gunsten der Hegel'schen Philosophie,

---

*) „... Unter denen, die sich Mutualisten nennen und deren ökonomische Ideen sich im Allgemeinen den Theorien Proudhon's anschließen, in dem Sinne, daß sie, wie der große revolutionäre Schriftsteller, die Unterdrückung aller Abgaben, die das Kapital von der Arbeit erhebt, die Aufhebung des Zinses, die Gegenseitigkeit der Dienste, den gleichen Austausch der Produkte auf Grundlage des Kostenpreises, den freien gegenseitigen Kredit wollen, haben mehrere für den Uebergang des Bodens in Kollektiveigenthum gestimmt. So die vier französischen Delegirten Aubry aus Rouen, Delacour aus Paris, Richard aus Lyon und Lemonnier aus Marseille, und von den Belgiern die Genossen G. Maetens, Verrijken, de Paepe, Maréchal ꝛc. Für sie besteht kein Widerspruch zwischen dem auf den Austausch der Dienste und Produkte anzuwendenden Mutualismus, der den Kostenpreis, d. h. die in den Diensten und Produkten enthaltene Arbeit, zur Grundlage hat und dem Kollektiveigenthum mit Bezug auf den Grund und Boden, der kein Produkt der Arbeit ist und ihnen daher nicht unter das Gesetz des Tausches, das Gesetz der Zirkulation, zu fallen scheint." (Antwort der Belgier Vanderhouten, de Paepe, Delefalle, Hermann, Delplanque, Roulants, Guill. Brasseur auf einen in der „Voix de l'Avenir" vom September 1868 erschienenen Artikel des Dr. Coullery, veröffentlicht in demselben Blatt und wieder abgedruckt als Rechtfertigungsdokument in dem „Memoire de la Fédération Jurassienne", Sonvillier 1873, p. 19—20.)

wie er dieselbe eben verstand, als auch über die von ihm in der revolutionären Bewegung von 1848 gespielte Rolle mit Stillschweigen hinweg. Desgleichen über seine panslavistischen Schriften zu Anfang der sechziger Jahre und seine Broschüre „Romanow, Pugatschew oder Pestel"*) (London 1862), in der er versprach, sich an die Seite Alexanders II. zu stellen, wenn dieser sich zum „Czar der Mouschicks" (Bauern) machen wolle. Was uns hier angeht, ist ausschließlich seine Theorie des „anarchistischen Kollektivismus".

Mitglied der „Friedens- und Freiheitsliga" machte Bakunin dieser durchaus bürgerlichen Gesellschaft auf ihrem im Jahre 1869 in Bern abgehaltenen Kongreß den Vorschlag, sich für **„die ökonomische und soziale Gleichheit der Klassen und der Individuen"** zu erklären. Andere Delegirte, darunter Chaudey, warfen ihm vor, den „Kommunismus" zu predigen. Mit folgenden entrüsteten Worten protestirte Bakunin gegen diese Anklage:

„Weil ich die ökonomische und soziale Gleichmachung der Klassen und der Individuen fordere, weil ich gemeinsam mit dem Arbeiterkongreß von Brüssel mich als Anhänger des Kollektiveigenthums erklärt habe, wirft man mir vor, Kommunist zu sein. Welchen Unterschied, hat man mich gefragt, machst Du zwischen dem Kommunismus und dem Kollektivismus? Ich bin wahrhaft erstaunt, daß Herr Chaudey diesen Unterschied nicht versteht, er, der Testamentsvollstrecker Proudhon's! Ich verabscheue den Kommunismus, weil er die Verneinung der Freiheit ist und ich nichts Menschliches begreifen kann ohne die Freiheit. Ich bin kein Kommunist, weil der Kommunismus alle Kräfte der Gesellschaft im Staat konzentrirt und von ihm absorbiren läßt, weil er nothwendigerweise auf die Zentralisation des Eigenthums in den Händen des Staats hinausläuft, während ich vielmehr die Abschaffung des Staats will, — die radikale Ausrottung des Autoritätsprinzips und der Vormundschaft des Staats, der unter dem Vorwand, die Menschen zu bessern und zu zivilisiren, sie bis auf den heutigen Tag versklavt, unterdrückt, ausgebeutet und verdorben hat. Ich will die Organisation der Gesellschaft und des kollektiven oder sozialen Eigenthums von unten nach oben, durch das Mittel der freien Assoziation

---

*) „Romanow" ist der Name, den sich die regierende Dynastie in Rußland beigelegt, die, wenn wir von dem von Katharina II. in ihren Memoiren zugestandenen Ehebruch absehen, von Peter III., dem Gatten Katharina II., und Prinzen von Holstein-Gottorp herstammt; Pugatschew, der falsche Peter III., war ein Kosack, der sich 1773 an die Spitze eines russischen Bauernaufstandes stellte; Pestel war ein republikanischer Verschwörer, der im Jahre 1826 von Nikolaus gehängt wurde.

und nicht die von oben nach unten durch Vermittlung einer Autorität, welches immer dieselbe sei. Indem ich die Abschaffung des Staats verlange, will ich die Abschaffung des individuell erblichen Eigenthums (de la propriété individuelle-ment héréditaire), das nur eine Einrichtung des Staats, nur eine Folge des Staatsprinzips selbst ist. In diesem Sinne, meine Herren, bin ich Kollektivist und durchaus nicht Kommunist."

Das ist zwar als Erläuterung von Prinzipien nicht übermäßig klar, dagegen vom „biographischen" Gesichtspunkt aus bezeichnend genug.

Wir wollen uns nicht weiter bei der Ungereimtheit aufhalten, die in den Worten — „Oekonomische und soziale Gleichmachung der Klassen" steckt, der Generalrath der Internationale hat ihnen schon längst Recht widerfahren lassen.*) Wir bemerken nur Folgendes:

Die hier zitirten Sätze zeigen, daß Bakunin:

1. Den Staat und „Kommunismus" im Namen der „vollkommensten Freiheit Aller" bekämpft;

2. Das „individuell erbliche Eigenthum" im Namen der ökonomischen Gleichheit bekämpft;

3. Dieses Eigenthum für eine „Einrichtung des Staats", für eine Folge des Staatsprinzips selbst hält;

4. Nichts gegen das individuelle Eigenthum hat, wenn dasselbe nicht erblich ist, nichts gegen das Erbrecht hat, wenn dasselbe nicht individuell ist.

Mit anderen Worten:

1. Bakunin stimmt vollständig mit Proudhon überein, soweit es sich um die „Verneinung" des Staats und des Kommunismus handelt;

2. Dieser Verneinung fügt er eine weitere hinzu: die des individuell erblichen Eigenthums;

3. Sein Programm ist nur eine mittels Addition der beiden abstrakten Prinzipien — das der „Gleichheit" und das der „Freiheit" — erhaltene Summe; diese zwei Prinzipien wendet

---

*) „Die Gleichmachung der Klassen" — schrieb er an die „Alliance" Bakunin's, der ihr behufs Aufnahme in die Internationale ihr Programm eingeschickt hatte, auf dem diese famose Gleichstellung figurirte — „läuft, wörtlich genommen, auf die von den Bourgeois-Sozialisten so ungestüm gepredigte Harmonie von Kapital und Arbeit hinaus. Es ist nicht die Gleichmachung der Klassen, ein logischer Widerspruch, dessen Verwirklichung unmöglich ist, sondern im Gegentheil die Abschaffung der Klassen, dieses eigentliche Geheimniß der proletarischen Bewegung, was das große Endziel der „Internationalen Arbeiter-Assoziation" bildet" 2c.

licher Ursachen und Wirkungen, und das nicht, wie es die lächerliche Einbildung der Idealisten will, wie eine Seele in ihrem Körper in ihm eingeschlossen ist, sondern thatsächlich nur die nothwendige und beständige Form seiner realen Existenz ist.

„Die menschliche Gattung hat wie alle anderen Gattungen ihr innewohnende Prinzipien, die ihr besonders eigenthümlich sind, und alle diese Prinzipien fassen sich zusammen oder führen sich zurück auf ein einziges Prinzip, das wir die Solidarität nennen. Dieses Prinzip kann folgendermaßen formulirt werden: Kein menschliches Individuum kann sein eigenes Menschenthum erkennen, noch es in Folge dessen in seinem Leben verwirklichen, als wenn es dasselbe in Anderen erkennt und an seiner Verwirklichung für Andere mitwirkt. Kein Mensch kann sich emanzipiren, ohne mit sich all die Menschen seiner Umgebung zu emanzipiren. Meine Freiheit ist die Freiheit Aller, denn ich bin erst dann frei, — frei nicht nur in der Idee, sondern thatsächlich frei — wenn meine Freiheit und mein Recht ihre Bestätigung, ihre Sanktion in der Freiheit und dem Recht aller Menschen, meinesgleichen, finden."*)

Als moralische Vorschrift ist die Solidarität, wie Bakunin sie interpretirt, eine ganz gute Sache. Diese, übrigens durchaus nicht „absolute" Moral jedoch zu einem Prinzip erheben wollen, das der Menschheit „innewohnt" und das die menschliche „Natur" charakterisire, heißt mit Worten spielen, und vollständig übersehen, was der Materialismus bedeutet. — Die Menschheit existirt „nur auf Grund" des Prinzips der Solidarität. ... Das ist eine etwas gar zu kühne Behauptung. Der Klassenkampf und der schreckliche „Staat" und das „individuell erbliche" Eigenthum — wären dies alles Kundgebungen der „Solidarität", die der Menschheit innewohnt und die ihre besondere Natur charakterisirt 2c. 2c.? Wenn ja, so geht Alles gut und Bakunin verschwendete mit dem Träumen von einer „sozialen" Revolution seine Zeit; wenn nicht, so beweist dies, daß die Menschheit „auf Grund" anderer Prinzipien als dem der Solidarität hat existiren können, und daß dies letztere Prinzip ihr durchaus nicht „innewohnt". In Wirklichkeit hat Bakunin sein „absolutes" Prinzip nur deshalb aufgestellt, um zu dem Schluß zu gelangen, daß „kein Volk vollständig und, in dem menschlichen Sinne dieses Worts, solidarisch frei sein kann, wenn nicht die ganze Menschheit es ist."**) Das zielt auf die Taktik des modernen Proletariats und ist in dem Sinne richtig, daß, wie die Statuten der Internationalen Arbeiter-Assoziation es ausdrücken, die Emanzipation der Arbeiter

---
*) La Théologie politique de Mazzini, p. 91.
**) Ebendaselbst, S. 110—111.

nicht nur eine lokale oder nationale Aufgabe ist, sondern daß im Gegentheil diese Aufgabe alle zivilisirten Nationen interessirt und die Lösung derselben nothwendigerweise von ihrem theoretischen und praktischen Zusammenwirken abhängig ist. Nichts ist leichter als diese Wahrheit zu beweisen, sobald man die gegebene ökonomische Lage der zivilisirten Menschheit zu Grunde legt. Aber nichts ist weniger beweiskräftig, hier wie überall, als ein „Nachweis", der sich auf eine utopistische Auffassung der „menschlichen Natur" stützt. Die „Solidarität" Bakunin's beweist nur, daß er trotz der Bekanntschaft, die er mit der historischen Theorie von Marx gemacht, ein unverbesserlicher Utopist geblieben ist.

Wir hatten gesagt, daß das „Programm" Bakunin's in seinen Hauptzügen aus der einfachen Addition von zwei abstrakten Prinzipien, dem der Freiheit und dem der Gleichheit, hervorgegangen ist. Wir sehen jetzt, daß die so erhaltene Summe leicht vermehrt werden konnte durch die Hinzuziehung eines dritten Prinzips, dem der „Solidarität". Das Programm der famosen „Alliance" fügte dem noch mehrere andere hinzu. So zum Beispiel:

„Die Alliance erklärt sich für atheistisch; sie will die Abschaffung der Kulten, die Einführung der Wissenschaft an Stelle des Glaubens, der menschlichen Gerechtigkeit an Stelle der göttlichen Gerechtigkeit."

In der Proklamation, die die Bakunisten während des Aufstandsversuchs vom Ende September 1870 an die Mauern von Lyon klebten, lesen wir (Artikel 41), daß

„der Staat, nunmehr verfallen, nicht mehr in Sachen der Bezahlung der Privatschulden wird eintreten können."

Das ist unbestreitbar logisch, aber es würde schwer sein, die Nichtbezahlung der Privatschulden aus den der menschlichen Natur innewohnenden Prinzipien abzuleiten.

Da Bakunin beim Zusammenleimen seiner verschiedenen „absoluten" Prinzipien sich nicht fragt und (Dank dem absoluten Charakter seines Vorgehens) sich auch nicht zu fragen braucht, ob nicht eines seiner Prinzipien in, wenn auch noch so geringem Grade, die „absolute" Kraft der anderen beschränken oder seinerseits durch sie beschränkt werden möchte, so befindet er sich auch in einer „absoluten" Unmöglichkeit, da wo die Worte sich als ungenügend erweisen und es sich infolgedessen darum handelt, sie durch ein wenig genauere Begriffe zu ersetzen, die Ausgänge seines Programms in Einklang zu bringen. Er „will" die Abschaffung der Kulte. Aber, da „der Staat verfallen", wer wird sie abschaffen? Er „will" die Abschaffung des erblichen Privateigenthums. „Aber was thun, wenn, obwohl der

Staat verfallen", es fortfahren wird, zu bestehen? Bakunin fühlt selbst, daß die Sache nicht ganz klar ist, aber er tröstet sich sehr leicht.

In einer während des französisch-deutschen Krieges verfaßten Broschüre „Brief an einen Franzosen über die gegenwärtige Krise", in der er ausführt, daß Frankreich nur durch eine große revolutionäre Bewegung gerettet werden könne, schließt er, man müsse die Bauern dazu antreiben, an die dem Adel und der Bourgeoisie gehörenden Ländereien Hand zu legen. Aber die französischen Bauern sind bis jetzt für das „individuell erbliche Eigenthum."*) Würde diese unangenehme Einrichtung nicht durch die neue soziale Revolution verstärkt werden?

„Keineswegs", antwortet Bakunin, „denn ist der Staat erst abgeschafft, so wird ihnen (d. h. den Bauern. G. P.), die feierliche juristische Bestätigung, die Garantie des Eigenthums durch den Staat fehlen. Das Eigenthum wird nicht mehr ein Recht, es wird auf den Zustand einer einfachen Thatsache reduzirt sein".*)

Das ist in der That beruhigend! Ist „der Staat verfallen", so kann der erste beste Schlingel, der stärker ist als ich, sich meines Feldes bemächtigen, ohne selbst nöthig zu haben, sich hinter das Prinzip der „Solidarität" zu stecken, das der „Freiheit" wird ihm reichlich genügen. Eine schöne „Gleichmachung der Individuen" das!

„Freilich — gesteht Bakunin zu — freilich werden sich die Dinge am Anfang nicht absolut friedlich abspielen; es wird Kämpfe geben, die öffentliche Ordnung, diese heilige Arche der Bourgeois, wird gestört werden, und die ersten Thatsachen, die aus einem solchen Zustand der Dinge hervorgehen werden, können das, was man einen Bürgerkrieg zu nennen beliebt, zur Folge haben. Aber würden Sie lieber Frankreich den Preußen ausliefern? ... Uebrigens fürchten Sie nicht, daß die Bauern sich unter einander auffressen werden; selbst wenn sie anfänglich versuchen wollten, es zu thun, so wird es nicht lange dauern, bis sie sich von der materiellen Unmöglichkeit, auf diesem Wege zu verharren, überzeugen, und dann darf man sicher sein, daß sie versuchen werden, sich unter einander zu vertragen, sich zu vergleichen und zu organisiren. Das Bedürfniß zu essen und ihre Familie zu ernähren und infolgedessen die Nothwendigkeit, ihre Häuser, ihre Familie und ihr eigenes Leben gegen unvorhergesehene Angriffe zu schützen, alles dies wird sie einzeln zwingen, den Weg gegenseitiger Abmachungen zu betreten. Und ebensowenig brauchen Sie zu glauben, daß bei diesen außerhalb aller öffentlichen Bevormundung zustande gekommenen*) Abmachungen die Stärksten und die Reichsten durch die bloße Gewalt der Dinge einen überwiegenden Einfluß ausüben werden. Der Reichthum der Reichen wird, sobald er nicht durch juristische Einrichtungen gesichert ist, aufhören, eine Macht zu sein ...

---

*) Von Bakunin selbst unterstrichen.

„Was die Schlausten, die Stärksten betrifft, so werden sie durch die Kollektivmacht der Masse kleiner und sehr kleiner Bauern unschädlich gemacht werden; desgleichen mit den Landproletariern, heute eine dem stummen Leiden anheimgefallene Masse, die aber von der revolutionären Bewegung mit einer unwiderstehlichen Macht werden ausgerüstet werden. — Ich behaupte nicht — beachten Sie das wohl — daß die Landbistrikte, die sich so von unten nach oben reorganisiren, mit einem Schlag eine ideale Organisation schaffen werden, die in allen Punkten der unserer Träume entsprechen wird. Davon jedoch bin ich überzeugt, daß dieselbe eine lebendige Organisation, und als solche tausendmal derjenigen überlegen sein wird, die jetzt existirt. Uebrigens wird diese neue Organisation, da sie immer der Propaganda der Städte geöffnet bleibt, und nicht mehr durch die juristische Staatssanktion befestigt und sozusagen versteinert werden kann, frei fortschreiten und sich in unbestimmter Weise, aber immer lebendig und frei, niemals auf Grund von Dekreten und Gesetzen entwickeln und verbessern, bis sie an einen Standpunkt anlangt, der so vernünftig ist, wie wir ihn heutzutage nur erhoffen dürfen."

Der „Idealist" Proudhon war überzeugt, daß die politische Konstitution in Ermangelung der „der Menschheit intimen" sozialen Organisation „erdacht" worden ist. Er gab sich die Mühe, diese Letztere zu „entdecken", und nachdem er sie entdeckt hat, sieht er keine Daseinsberechtigung mehr für die politische Konstitution. Der „Materialist" Bakunin hat keine eigene „soziale Organisation". „Die tiefste und rationellste Wissenschaft", sagt er, „vermag nicht die Formen des künftigen sozialen Lebens zu errathen."*) Sie muß sich damit zufrieden geben, die „lebendigen" sozialen Formen von denjenigen zu unterscheiden, die ihren Ursprung der „versteinernden" Staatsaktion verdanken, und diese letzteren zu verdammen. Ist das aber nicht dieselbe alte proudhonistische Gegenüberstellung der „der Menschheit intimen" sozialen Organisation und der, ausschließlich im Interesse „der Ordnung" „erdachten" politischen Konstitution? Reduzirt sich nicht der ganze Unterschied darauf, daß der „Materialist" das utopistische Programm des „Idealisten" in ein noch weit utopistischeres, noch weit nebelhafteres, weit absurderes Ding umformt?

Glauben, daß das Weltall seine wunderbare Anordnung dem Zufall verdankt, heißt sich vorstellen, daß wir durch bloßes

---

*) Staatlerei und Anarchie", Anhang A., S. 1. Uebrigens mußte die „Wissenschaft Bakunin's" für Rußland die Formen des künftigen sozialen Lebens doch zu errathen: es wird die „Gemeinde" sein, die aus der gegenwärtigen Landgemeinde in ihrer weiteren Entwicklung hervorgehen wird. — Es waren besonders die Bakunisten, die in Rußland das Vorurtheil von den wunderbaren Eigenschaften der russischen Landgemeinde verbreiteten.

Aufwerfen einer genügenden Menge typographischer Lettern auf den Zufall hin zur Zusammensetzung der „Iliade" gelangen könnten, — so folgerten die Deisten des achtzehnten Jahrhunderts, wenn sie die **Atheisten** widerlegten. Diese antworteten ihnen, in solchem Falle wäre Alles eine Sache der Zeit, und daß man durch unendlich häufiges Umwerfen der Lettern sicherlich einmal dazu kommen müsse, sie sich auf die angeführte Art anordnen zu machen. Solche Diskussionen waren im Geschmack jenes Jahrhunderts, und man hätte Unrecht, heutzutage darüber gar zu sehr zu spotten. Es scheint jedoch, als hätte Bakunin das Argument der Atheisten der guten alten Zeit ernst genommen und sich desselben bedient, um sich ein „Programm" zusammen zu schmieden. Zerstört was besteht; wenn ihr es oft genug thut, wird es auch schließlich gelingen, eine soziale Organisation zu Stande zu bringen, die sich derjenigen, die ihr „erträumt", wenigstens nähert. Alles wird gut gehen, wenn wir die „Revolution in Permanenz" haben. Ist das genügend „materialistisch"? Wenn ihr glaubt, nein, so seid ihr ein das Unmögliche „träumender" Methaphysiker!

Die Proudhon'sche Gegenüberstellung der „sozialen Organisation" gegen die „politische Konstitution" findet sich ganz vollständig und ganz „lebendig" in dem wieder, was Bakunin unaufhörlich über die „soziale Revolution" einerseits und die „politische Revolution" andererseits wiederholt. Nach Proudhon hat die soziale Organisation unglücklicherweise bis auf unsere Tage niemals existirt, und in Ermangelung ihrer mußte die Menschheit die politische Konstitution „erdenken". Nach Bakunin ist die soziale Revolution bis heutzutage niemals gemacht worden, da die Menschheit, aus Mangel eines guten „sozialen" Programms, gezwungen war, sich mit politischen Revolutionen zufrieden zu geben. Nun, da dieses Programm gefunden, haben wir nicht mehr nöthig, uns mit der „Politik" zu beschäftigen, wir haben mit der „sozialen" Revolution genug zu thun.

Da jeder Klassenkampf nothwendigerweise ein politischer Kampf ist, so ist es klar, daß jede dieses Namens würdige „politische" Revolution eine soziale Revolution ist; ebenso klar ist es, daß für das Proletariat der politische Kampf ebenso geboten ist, wie er es stets für jede Klasse gewesen, die auf ihre Emanzipation hinstrebte. Bakunin verwirft feierlich jede politische Aktion des Proletariats; er predigt den ausschließlich „sozialen" Kampf. Was bedeutet dieser soziale Kampf?

Hier zeigt sich unser Proudhonist von Neuem von dem „Marxismus" sophistizirt. Er stützt sich so oft als nur möglich auf die Statuten der Internationalen Arbeiterassoziation. In den Erwägungen dieser Statuten heißt es, daß die Unterwerfung des Arbeiters unter das Kapital die Ursache aller politischen, moralischen und materiellen Knechtschaft ist, und daß daher die ökonomische Emanzipation der Arbeiter der große Endzweck sei, dem jede politische Bewegung als Mittel untergeordnet werden müsse. Bakunin schließt daraus, daß

„jede politische Bewegung, die nicht die unmittelbare und direkte definitive und vollständige ökonomische Emanzipation der Arbeiter zum Gegenstand habe, und die nicht auf verschiedene und durchaus klare Weise das Prinzip der ökonomischen Gleichheit, was soviel sagen will, wie die vollständige Wiederzurückgabe des Kapitals an die Arbeit, oder geradezu die soziale Liquidation auf ihre Fahne geschrieben habe, daß jede solche politische Bewegung eine Bourgeoisbewegung ist und als solche aus der Internationalen ausgeschlossen werden muß."

Aber derselbe Bakunin hat bereits sagen hören, daß die historische Bewegung der Menschheit ein gesetzmäßiger Prozeß ist, und daß man nicht in jedem beliebigen Augenblick eine Revolution improvisirt. Er ist denn auch infolgedessen gezwungen, sich zu fragen: welches ist die Politik, die die Internationale während „dieser mehr oder weniger lang andauernden Periode befolgen muß, welche uns von jener schrecklichen sozialen Revolution, die Jedermann bereits vorahnt, trennt?" Und er antwortet darauf mit tiefster Ueberzeugung, und dabei immer „die Statuten der Internationale" zitirend:

„Ohne Erbarmen muß die Politik der demokratischen Bourgeois oder Bourgeois=Sozialisten ausgeschlossen werden, die, wenn sie erklären, daß die politische Freiheit die Vorbedingung der ökonomischen Emanzipation ist, mit diesen Worten nichts Anderes meinen können als Folgendes: Die politischen Reformen oder die politische Revolution müssen den ökonomischen Reformen oder der ökonomischen Revolution vorangehen; die Arbeiter müssen sich daher mit den mehr oder weniger radikalen Bourgeois vereinigen, um mit ihnen zusammen zuerst die Ersteren durchzuführen, frei, später gegen sie die Letzteren zu verwirklichen. Wir protestiren laut gegen diese unselige Theorie, die für die Arbeiter nur darauf hinauslaufen kann, sich nochmals zum Werkzeug gegen sich selbst brauchen zu lassen, und sie von Neuem der Ausbeutung der Bourgeois auszuliefern."

Die Internationale „befiehlt" („commande"), von „jeder nationalen oder lokalen Politik" abzusehen; sie muß der Arbeiteragitation in allen Ländern einen „wesentlich ökonomischen" Charakter geben, indem sie als Ziel feststellt: „die Verminderung der Arbeitsstunden und die Erhöhung der Löhne", und als Mittel —: „die Assoziation der Arbeitermassen und die Gründung von Widerstandskassen". — Es braucht nicht erst gesagt zu werden, daß die Verminderung der Arbeitsstunden ohne irgend welche Intervention von Seiten des verfluchten „Staates" geschehen muß.*)

Bakunin begreift nicht, daß die Arbeiterklasse sich in ihrer politischen Aktion vollständig von allen Ausbeuterparteien trennen kann. Nach ihm giebt es für die Arbeiterklasse in der politischen Bewegung keine andere Rolle als die des Schildträgers der radikalen Bourgeoisie. Er predigt die „wesentlich ökonomische" Taktik der alten englischen Trades-Unionisten, und er hat keine Ahnung davon, daß es gerade diese Taktik war, die die englischen Arbeiter veranlaßt hat, ins Schlepptau der Liberalen zu segeln.

Bakunin will nicht, daß die Arbeiterklasse sich den Bewegungen anschließt, die die Eroberung und Erweiterung der politischen Freiheiten zum Ziele haben. Indem er diese Bewegungen als Bourgeoisbewegungen verdammt, bildet er sich ein, wer weiß wie „revolutionär" zu sein. In Wahrheit enthüllt er sich gerade dadurch als „wesentlich" konservativ, und wenn die Arbeiterklasse jemals dieser Richtschnur folgen wollte, könnten die Regierungen sich nur dazu beglückwünschen.**)

Die wahren Revolutionäre unserer Zeit verstehen die sozialistische Taktik ganz anders. Sie „unterstützen jede revolutionäre Bewegung gegen die bestehenden gesellschaftlichen und politischen Zustände",***) was sie nicht hindert, — gerade das Gegentheil vielmehr! — das Proletariat zu einer Partei zu organisiren, die sich von allen Ausbeuterparteien trennt und Feindin der ganzen „reaktionären Masse" ist.

Proudhon, der, wie wir wissen, keine übertriebenen Sympathieen für die „Politik" hatte, forderte immerhin die französischen Arbeiter auf, für diejenigen Kandidaten zu stimmen, die versprächen, den „Werth zu konstituiren". Bakunin will um keinen Preis von der Politik etwas wissen. Der Arbeiter kann sich der politischen Freiheit nicht bedienen: „es fehlen ihm dazu zwei kleine Dinge, die Muße und die materiellen Mittel". Dieselbe ist also nur eine Bourgeoislüge. Die Leute, welche von Arbeiterkandidaten sprechen, spotten des Proletariats.

„Die Arbeiterdeputirten, in bourgeoise Existenzbedingungen und in eine Athmosphäre von durchaus bour-

---

*) Siehe die Artikel Bakunin's „La politique de l'Internationale" in der „Egalité", Genf, Monat August 1869.

**) Die von Bakunin gegen die politische Freiheit geschleuderten Bannflüche haben während einer gewissen Zeit einen sehr beklagenswerthen Einfluß auf die revolutionäre Bewegung in Rußland ausgeübt.

***) Kommunistisches Manifest, Abschnitt IV.

gewisen politischen Ideen versetzt, hören auf, wirkliche Arbeiter zu sein, um Staatsmänner zu werden, sie werden Bourgeois und vielleicht größere Bourgeois, als die Bourgeois selbst werden. Denn die Menschen machen nicht die Verhältnisse, es sind die Verhältnisse, die die Menschen machen."*)

Dieses letzte Argument ist fast Alles, was Bakunin von der materialistischen Geschichtsauffassung sich anzueignen wußte. Es ist unstreitig wahr, daß der Mensch das Produkt seiner sozialen Umgebung ist. Aber um sich dieser unbestreitbaren Wahrheit mit Nutzen zu bedienen, muß man die alte metaphysische Denkweise verlassen, die die Dinge einzeln hintereinander und jedes unabhängig von dem andern betrachtet. Nun, Bakunin blieb wie sein Meister Proudhon trotz seiner Koketterie mit der Hegel'schen Philosophie während seines ganzen Lebens Metaphysiker. Er begriff nicht, daß die Umgebung, die den Menschen macht, eine andere werden kann, sobald sie den Menschen, ihr Produkt, ändert. Die Umgebung, die er im Auge hat, wenn er von der politischen Aktion des Proletariats spricht, ist die parlamentarische Bourgeois-Umgebung. Diese Umgebung muß die Arbeiterdeputirten nothwendigerweise korrumpiren. Aber die Wähler-Umgebung, die Umgebung der Arbeiterpartei, die ihres Zieles sich bewußt und gut organisirt ist, würde sie keinen Einfluß auf die Gewählten des Proletariats haben können? Nein! Oekonomisch unterjocht, wird die Arbeiterklasse immer in politischer Knechtschaft verharren, sie wird auf diesem Felde immer der Schwächere sein. Um sie zu emanzipiren, muß man mit der ökonomischen Entwicklung beginnen. Bakunin bemerkt nicht, daß, indem man so argumentirt, man unabweisbar zu dem Schluß gelangt, daß ein Sieg des Proletariats absolut unmöglich ist, wenn nicht die Besitzer der Produktionsmittel freiwillig zu ihren Gunsten abzudanken geruhen. In der That ist die Unterjochung des Arbeiters unter das Kapital die Quelle nicht nur der politischen, sondern auch der moralischen Unterwerfung. Nun, wie will man, daß die moralisch verknechteten Arbeiter sich gegen die Bourgeoisie erheben? Damit die Arbeiterbewegung möglich wird, muß man vorher die ökonomische Revolution machen. Aber die ökonomische Revolution ist nur als das Werk der Arbeiter selbst möglich. Wir befinden uns so in einem fehlerhaften Kreis, aus dem der moderne Sozialismus mit Leichtigkeit heraustritt, in dem Bakunin und die Bakunisten aber sich unabläſſig gedreht haben und drehen, ohne eine andere Möglichkeit der Befreiung, als einen logischen salto mortale.

---

*) Egalité, 28. August 1869.

Der korrumpirende Einfluß der parlamentarischen Umgebung auf die Arbeiterdeputirten ist bis auf den heutigen Tag das geschätzteste Argument der Anarchisten bei ihrer Kritik der politischen Thätigkeit der sozialistischen Demokratie. Wir haben gesehen, was es vom theoretischen Gesichtspunkt aus werth ist. Es genügt die geringste Kenntniß der Geschichte der deutschen sozialistischen Partei, um zu erkennen, wie das praktische Leben die anarchistischen Befürchtungen widerlegt.

Indem Bakunin alle „Politik" negirte, sah er sich gezwungen, die Taktik der alten englischen Trades=Unionisten anzunehmen.*)

Aber er fühlte selbst, daß diese Taktik wenig revolutionär ist, und suchte sich mit Hilfe seiner „Alliance" aus der Verlegenheit zu ziehen, einer Art geheimer internationaler, auf dem Prinzip des wildesten und gröbst=phantastischen Zentralismus organisirten Gesellschaft. Der diktatorischen Fuchtel des souveränen Oberpriesters der Anarchie unterworfen, sollten die „internationalen" und die „nationalen" Brüder, die „in ihrem ganzen Wesen ökonomische" revolutionäre Bewegung beschleunigen und leiten. Zu gleicher Zeit predigte Bakunin die „Putsche", die örtlichen Erhebungen von Arbeitern und Bauern, die, trotzdem sie unvermeidlich würden niedergeschlagen werden, doch, wie er behauptet, einen guten Einfluß auf die Entwicklung des revolutionären Geistes unter den Bedrückten haben würden. — Es versteht sich von selbst, daß er mit einem derartigen „Programm" der Arbeiterbewegung viel Unheil hat zufügen können, daß es ihm aber nicht gelungen ist, auch nur den kleinsten Schritt vorwärts zu thun für die „unmittelbar" ökonomische Revolution, von der er träumte.**)

Wir werden weiter unten sehen, wohin die bakunistische Theorie der „Putsche" führen sollte. Für den Augenblick wollen wir das, was wir über Bakunin gesagt, nunmehr zusammenfassen. Er wird uns bei dieser Aufgabe selbst behilflich sein:

---

*) Ja noch hinter sie zurückzugehen. Denn selbst die reaktionärsten englischen Gewerkschaften haben es nicht verschmäht, für bestimmte Zwecke der Arbeiterklasse oder ihrer Industrie die Maschine der Gesetzgebung, wo sie es vermochten, sich nutzbar zu machen. (Note d. Uebers.)

**) Ueber Bakunin's Aktion in der Internationale vergleiche man die beiden Publikationen des Generalraths: 1. „Les prétendues scissions dans l'Internationale" (Die angeblichen Spaltungen in der Internationale) und 2. „L'Alliance de la Démocratie socialiste" (deutsch unter dem Titel: Ein Komplott gegen die Internationale, Braunschweig). Vergleiche auch den Aufsatz von Engels: „Die Bakunisten an der Arbeit", wieder abgedruckt in der kürzlich erschienenen Sammlung „Internationales aus dem Volksstaat (1873—1875)". Berlin, Buchhandlung des „Vorwärts", 1894.

„Auf der pangermanischen Fahne (das heißt auf der Fahne der deutschen Sozialdemokratie und folglich auch auf der Sozialdemokratie der ganzen zivilisirten Welt. G. P.) steht geschrieben: **Erhaltung und Stärkung des Staats um jeden Preis.** Auf die revolutionär-sozialistische (zu lesen, bakunistische G. P.) Fahne dagegen ist in blutigen, in feurigen Lettern geschrieben: **Abschaffung alles und jeden Staates, Zerstörung der Bourgeoiszivilisation, freie Organisation von unten nach oben mit Hilfe der freien Assoziationen — die Organisation des Arbeiter-pöbels** („de la populace [sic!] ouvrière"), **die Organisation der ganzen emanzipirten Menschheit, die Schaffung einer neuen Menschenwelt."**

Mit diesen Worten schließt Bakunin sein Hauptwerk: **Staaterei und Anarchie** (russisch). Wir überlassen dem Leser die Mühe, die rhetorischen Schönheiten dieses Ergusses zu würdigen. Was uns anbetrifft, so beschränken wir uns darauf, zu erklären, daß in ihnen **absolut ganz und gar nichts von Menschensinn steckt**.

Widersinn, ganz nackter, reiner Widersinn ist es, was auf der bakunistischen „Fahne" „geschrieben" steht, und es bedarf keiner Buchstaben von Feuer und Blut, um ihn allen denen sofort erkenntlich zu machen, die noch nicht durch eine mehr oder weniger dröhnende, aber durchgängig sinnlose Phraseologie hypnotisirt sind.

Der Anarchismus der Stirner und Proudhon war völlig individualistisch. Bakunin „wollte" keinen Individualismus, oder, besser gesagt, er „wollte" nur eine Seite des Individualismus. Er erfand daher den **anarchistischen Kollektivismus**. Diese Erfindung hat ihm jedoch sehr wenig gekostet. Er ergänzte die Freiheitsutopie durch die Gleichheitsutopie. Da indeß diese beiden Utopieen nicht in Frieden leben „wollten", da sie ob der Zusammenleimung laut aufschrien, warf er sie beide in den Hochofen der „Revolution in Permanenz", wo sie nachgerade gezwungen waren, zu schweigen — aus dem einfachen Grunde, weil die Eine ebenso vollständig verdampfte, wie die Andere.

Bakunin ist der Decadent des Utopismus.

Die Epigonen.

Von den Anarchisten unserer Tage halten die Einen am Individualismus fest, wie John Henry Mackay, Verfasser des Buches: „Die Anarchisten, Kulturgemälde aus dem Ende des XIX. Jahrhunderts", während die Anderen, die weit zahlreicher sind, sich „Kommunisten" nennen. Sie bilden die Nachkommenschaft Bakunin's im Anarchismus. Dieselbe hat in den verschiedensten Sprachen eine ziemlich umfangreiche Literatur geschaffen, und sie ist es, die mit Hilfe ihrer „Propaganda der That" soviel Lärm macht.

Der Engel dieser Schule ist der russische Flüchtling P. A. Krapotkin.

Wir wollen uns nicht damit aufhalten, die Doktrin der individualistischen Anarchisten unserer Tage zu untersuchen, die sogar von ihren Brüdern, den „kommunistischen" Anarchisten, als Bourgeois behandelt werden.*)

Wir wollen vielmehr direkt zum anarchistischen Kommunismus übergehen.

Welches ist der Gesichtspunkt dieser neuen Gattung von Kommunismus?

„Was die von dem anarchistischen Denker befolgte Methode anlangt, so unterscheidet sie sich vollständig von der der Utopisten," versichert uns Krapotkin:

„Der anarchistische Denker nimmt nicht zu metaphysischen Konzeptionen (wie „natürliche Rechte", die „Pflichten des Staats" u. s. w.) seine Zuflucht, um festzustellen, was seiner Meinung nach die besten Bedingungen zur Erziehung der größten Glückseligkeit der Menschheit sind. Er folgt im Gegentheil der, durch die moderne Entwicklungsphilosophie vorgezeichneten Bahn ... Er studirt die menschliche Gesellschaft, wie sie jetzt ist und wie sie in der Vergangenheit war, und ohne die Menschen im Allgemeinen oder einzelne Individuen mit höheren Eigenschaften, die sie nicht besitzen, auszustatten, betrachtet er die Gesellschaft nur als eine Anhäufung (agregation) von Organismen, indem er versucht, die besten Wege herauszufinden, die Bedürfnisse des Individuums mit denen der Kooperation im Interesse der Wohlfahrt der Gattung zu verbinden. Er studirt die Gesellschaft und versucht ihre vergangenen und gegenwärtigen Tendenzen zu entdecken, ihre dringenden intellektuellen und ökonomischen Bedürfnisse, und zeigt in dieser Hinsicht nur, in welcher Richtung die Entwicklung sich bewegt."**)

---

*) Die wenigen Individualisten, denen man begegnet, sind nur in ihrer Kritik des Staats und des Gesetzes stark. Was ihr Ideal vom Aufbau betrifft, so verfallen die Einen in eine Idylle, die sie selbst nie praktiziren würden, während die Anderen, wie die Herausgeber der Bostoner „Liberty", sich völlig im heutigen Bourgeoissystem verlieren. Um ihren Individualismus zu vertheidigen, stellen sie den Staat mit all seinen Attributen (Gesetz, Polizei und dem Uebrigen), nachdem sie sie so muthig verneint, nachträglich doch wieder her. Andere wieder, wie Auberon Herbert, stranden in einer „Property Defense League", einer „Liga für die Vertheidigung des herrschaftlichen Grundeigenthums". „La Révolte", Nr. 38, 1893. Ein Vortrag über die Anarchie.

**) Anarchist Communism: its Basis and principles. By Peter Krapotkine, Republished by permission of the Editor from the Nineteenth Century of February und August, 1887 London.

Danach haben also die kommunistischen Anarchisten nichts mehr mit den Utopisten gemein. Sie sind weit davon entfernt, sich bei der Ausarbeitung ihres „Ideals" auf metaphysische Begriffe, wie natürliche Rechte, Pflichten des Staates u. s. w. zu stützen. Ist das wahr?

Was die „Pflichten des Staates" anbetrifft, so hat Krapotkin ganz Recht: es wäre gar zu lächerlich, wenn die Anarchisten den Staat zu verschwinden aufforderten und dabei an seine „Pflichten" appellirten. Aber betreffs der „natürlichen Rechte" täuscht er sich durchaus. Einige Zitate werden genügen, dies zu beweisen.

Schon in dem „Bülletin der Jurafederation" (Nr. 3, 1877) finden wir folgende sehr bezeichnende Erklärung: „Die Volkssouveränität kann nur mittels der vollständigsten Autonomie der Individuen und Gruppen bestehen." Ist diese vollständigste Autonomie kein „metaphysischer Begriff?"

Das „Bülletin der Jurafederation" war ein Organ des kollektivistischen Anarchismus. Thatsächlich besteht zwischen dem anarchistischen Kollektivismus und dem anarchistischen Kommunismus kein Unterschied. Trotzdem wollen wir, da man behaupten könnte, wir machten die Kommunisten für die Kollektivisten verantwortlich, einen Blick auf die „kommunistischen" Publikationen werfen, nicht nur, was den Geist derselben betrifft, sondern auch bis auf den Buchstaben.

Im Herbst des Jahres 1892 standen einige „Genossen" auf Grund eines Dynamitdiebstahls in Soisy-sous-Etiolles vor dem Schwurgericht von Versailles, unter ihnen Einer Namens G. Etiévant. Derselbe hatte eine anarchistisch-kommunistische Prinzipienerklärung aufgesetzt. Der Gerichtshof entzog ihm aber das Wort, und so übernahm der anarchistische Moniteur „la Révolte" die Veröffentlichung besagter Erklärung, nachdem sie sich mit großer Mühe eine genau mit dem Original übereinstimmende Kopie verschafft hatte. Die „Erklärungen G. Etiévant's" machten in der anarchistischen Welt Sensation, und selbst „gebildete" Leute, wie Octave Mirbeau, zitirten sie mit Achtung neben den Werken der „Theoretiker" als da sind Bakunin, Krapotkin, der „ungleiche Proudhon" und der „aristokratische Spencer". (!) Hier die Etiévant'sche Argumentirungslinie:

Keine Idee ist uns eingeboren; jede derselben wird durch unendlich verschiedene und vielfache Eindrücke erzeugt, die wir vermittelst unserer Organe empfangen. Jede Handlung des Individuums ist das Resultat einer oder mehrerer Ideen. Der Mensch ist somit nicht verantwortlich. Solle Verantwortlichkeit bestehen, so müßte der Wille die Empfindungen bestimmen, ebenso diese die Idee und diese wieder die Handlung. Aber da es im Gegentheil die Empfindungen sind, die den Willen bestimmen, so wird jedes Entscheiden unmöglich, jede Belohnung, jede Strafe ungerecht, so groß auch immer die Wohlthat oder der angerichtete Schaden sei.

„Man kann nun weder die Menschen aburtheilen, noch selbst die Handlungen, wenn man nicht ein genügendes Kriterium hat. Wohlan, dieses Kriterium existirt nicht. In keinem Falle sind es die Gesetze, in denen man es finden könnte, denn die wahre Gerechtigkeit ist unveränderlich und die Gesetze wechseln. Es ist mit den Gesetzen wie mit allen übrigen (!) Dingen („comme de tout le reste"). Denn wenn diese Gesetze gut sind, wozu braucht man dann Deputirte und Senatoren, um sie zu ändern? Und sind sie schlecht, wozu alsdann Gerichtsbeamte, um sie anzuwenden?"

Nachdem er so die „Freiheit" „dargelegt", geht Etiévant zur „Gleichheit" über.

Von den Thierpflanzen bis zu den Menschen sind alle Wesen mit mehr oder weniger vollkommenen Organen versehen, die dazu bestimmt sind, ihnen zu dienen. Alle Wesen haben also nach dem klaren Willen der Mutter Natur das Recht, sich ihrer Organe zu bedienen.

„So haben wir auf Grund unserer Beine ein Recht auf jeden Raum, den wir durchlaufen können; auf Grund unserer Lungen ein Recht auf alle Luft, die wir einathmen können; auf Grund unseres Hirns auf Alles, was wir denken und uns aus den Gedanken Anderer aneignen können; auf Grund unserer Sprachfähigkeit auf Alles, was wir sagen können; auf Grund unserer Ohren auf Alles, was wir hören können, und auf dies Alles haben wir ein Recht, weil wir ein Recht auf das Leben haben und alles dies das Leben bildet. Dies sind die wahren Menschenrechte! Unnöthig, sie zu dekretiren, sie sind da, ebenso wie die Sonne da ist. Sie sind in keine Konstitution, in kein Gesetz eingeschrieben, aber sie sind mit unauslöschbaren Buchstaben in das große Buch der Natur eingeschrieben und unverjährbar. Von der Milbe bis zum Elephanten, vom Grashälmchen bis zur Eiche, vom Atom bis zum Gestirn proklamirt Alles es."

Wenn das nicht „metaphysische Ideen" schlimmster Art sind und eine grausame Karrikatur des metaphysischen Materialismus des achtzehnten Jahrhunderts, wenn das „Entwicklungsphilosophie" ist, dann muß man gestehen, daß dieselbe nichts gemein hat mit der wissenschaftlichen Bewegung unserer Zeit.

Hören wir eine andere Autorität, lassen wir das dereinst berühmte Buch von **Jean Grave**, „La société mourante et l'anarchie" (Die sterbende Gesellschaft und die Anarchie), sprechen, das von der französischen Justiz, die es als gefährlich ansah, vor nicht langer Zeit verurtheilt wurde, während es nur ungeheuer lächerlich ist.

„Anarchie heißt Verneinung der Autorität. Wohlan, die Autorität leitet ihre Daseinsberechtigung aus der Nothwendigkeit, die sozialen Einrichtungen, Familie, Religion, Eigenthum 2c. zu vertheidigen, her, und sie hat eine Menge von Triebwerken geschaffen, um ihre Ausübung und Bestätigung zu sichern. Die hauptsächlichsten sind: das Gesetz, die Rechtspflege, die Armee, die gesetzgebende und vollstreckende Gewalt 2c. So daß die anarchistische Idee, genöthigt, auf Alles zu antworten, sich an alle soziale Vorurtheile machen, in die Tiefe aller menschlichen Kenntnisse eindringen mußte, um zu beweisen, daß ihre Begriffe mit der physiologischen und psychologischen Natur des Menschen übereinstimmen und der Beobachtung der Naturgesetze durchaus entsprechen, während die gegenwärtige Organisation wider alle Logik und Vernunft aufgebaut ist ... Während sie die Autorität bekämpften, mußten die Anarchisten so alle die Einrichtungen bekämpfen, zu deren Vertheidiger sich die Gewalt aufgeworfen, deren Nothwendigkeit sie zu beweisen sucht, um ihre eigene Existenz als berechtigt zu erweisen."*)

Man sieht, was die „Entwicklungen" der „anarchistischen Idee" gewesen. Diese Idee „verneinte" die Autorität. Um sich zu vertheidigen, berief sich die Autorität auf die Familie, auf die Religion, auf das Eigenthum. Dann sah sich die „Idee" gezwungen, diese Einrichtungen, die sie vorher nicht bemerkt zu haben scheint, anzugreifen, und zu gleicher Zeit drang die „Idee", um ihren Begriffen Geltung zu verschaffen, in die Tiefen aller menschlichen Kenntnisse ein. (Zu manchen Dingen ist Unglück gut.) Alles das ist nur Sache des Zufalls, nur die Folge einer unerwarteten Wendung, die die Autorität der zwischen ihr und der „Idee" entsponnenen Diskussion gegeben.

Uns will es dünken, daß, so reich sie auch nunmehr an menschlichen Kenntnissen, die anarchistische Idee durchaus nicht kommunistisch ist; sie behält ihr Wissen für sich selbst und läßt die armen „Genossen" in vollständiger Unwissenheit. Krapotkin mag noch so sehr das Lob des „anarchistischen Denkers" singen, es wird ihm nie gelingen zu beweisen, daß sein Freund Grave es verstanden hat, sich auch nur ein wenig über die jämmerlichste Metaphysik hinaus zu erheben.

Möge Krapotkin die anarchistischen Broschüren von Elisée Reclus — diesem „großen Theoretiker" vor dem Herrn — noch einmal durchlesen und uns dann, die Hand aufs Herz, sagen, ob sich in denselben etwas Anderes befindet als Berufungen auf die Gerechtigkeit, die Freiheit und andere „metaphysische Begriffe".

Endlich hat sich auch **Krapotkin** selbst keineswegs so sehr von der „Metaphysik" emanzipirt, wie er glaubt. Weit gefehlt! Hier zum Beispiel, was er am 12. Oktober 1879 auf der Generalversammlung der Juraföderation in La Chaux-de-Fonds gesagt hat:

„Es gab eine Zeit, wo man den Anarchisten sogar beinahe das Recht zu existiren bestritt. Der Generalrath der Inter-

---

*) A. a. O. S. 1—2.

nationale behandelte uns als Aufwiegler, die Presse als Träumer, fast alle Welt als Narren. Diese Zeit ist vorüber. Die anarchistische Partei hat ihre Lebenskraft bewiesen; sie hat die Hindernisse aller Art, die ihre Entwicklung aufhielten, überschritten, heut ist sie anerkannt. (Von wem? G. P.) Zu diesem Zwecke war vor Allem nöthig, daß die Partei einen Kampf auf dem Boden der Theorie führte, daß sie ihr Ideal der künftigen Gesellschaft feststellte, daß sie bewies, daß das Ideal das beste ist, — mehr als das, daß sie bewies, daß dies Ideal nicht das Produkt von Träumen aus der Studirstube, sondern direkt aus den Volksbestrebungen abgeleitet und daß es mit dem historischen Fortschritt der Kultur und Ideen in Uebereinstimmung ist. Diese Arbeit ist gethan worden" 2c. . . .

Ist nicht diese Jagd nach dem besten Ideal der zukünftigen Gesellschaft gerade das utopistische Verfahren wie es im Buch steht? Allerdings sucht Krapotkin zu „beweisen", daß dies Ideal nicht das Produkt von Träumen aus der Studirstube sei, daß es aus den Volksbestrebungen hervorgehe, daß es mit dem historischen Fortschritt der Kultur und der Ideen übereinstimme. Aber welcher Utopist hat dies nicht ebenso gut versucht wie er? Alles hängt von dem Werth der Beweise ab, und in diesem Punkte ist unser liebenswürdiger Landsmann unendlich weniger stark als die großen Utopisten, die er als Metaphysiker behandelt, ohne auch nur die geringste Ahnung von dem zu haben, was die Methode der modernen Sozialwissenschaft ist.

Aber machen wir, bevor wir den Werth der Beweise untersuchen, zunächst die Bekanntschaft des Ideals selbst. Wie stellt sich Krapotkin die anarchistische Gesellschaft vor?

Ausschließlich mit der Reorganisation der Regierungsmaschine beschäftigt, ließen die revolutionären Politiker, die „Jakobiner" (Krapotkin haßt die Jakobiner noch mehr als unsere liebenswürdige Kaiserin Katharina II. sie gehaßt hat) das Volk Hungers sterben. Die Anarchisten werden anders handeln. Sie werden den Staat zerstören und das Volk zur Expropriation der Reichen treiben. Ist die Expropriation einmal vor sich gegangen, so wird man eine Inventur des allgemeinen Reichthums machen und dann die Vertheilung organisiren.

„Alles wird durch das Volk selbst geschehen. Laßt das Volk nur die Ellbogen frei haben, und in acht Tagen wird die Lebensmittelversorgung mit bewundernswerther Regelmäßigkeit vor sich gehen. Man muß nie das arbeitsame Volk an der Arbeit gesehen, man muß sein ganzes Lebenlang die Nase in Papierrollen gesteckt haben, um daran zu zweifeln. Sprechet von dem Organisationstalent des großen Verkannten, des Volkes, zu denen, die es am Tage der Barrikadenerhebung in Paris gesehen haben (was bei Krapotkin nicht der Fall. G. P.), oder letzthin in London bei dem großen Streik, der eine halbe Million Ausgehungerter zu ernähren hatte, sie werden Euch sagen, wie weit es den bureaukratischen Stubenhockern überlegen ist!"*)

Die Grundlage, auf der man den allgemeinen Genuß der Lebensmittel organisiren wird, wird sehr gerecht und durchaus nicht jakobinisch sein.

„Es giebt nur eine, eine einzige, die den Gefühlen der Gerechtigkeit entspricht und die wirklich praktisch ist: . . . Entnahme nach Belieben (wörtlich: vom Haufen) von dem, was man im Ueberfluß besitzt, rationenweise Zutheilung dessen, was abgemessen, eingetheilt werden muß! Von den 350 Millionen Menschen, die Europa bewohnen, befolgen noch 200 Millionen diese vollständig natürliche Praxis"

— was unter Anderem beweist, daß das anarchistische Ideal „aus den Volksbestrebungen hervorgeht". Dasselbe gilt von der **Behausung und Bekleidung**. Das Volk wird Alles nach derselben Regel organisiren.

„Es wird einen Umsturz geben, das ist sicher. Nur darf dieser Umsturz nicht zum reinen Verlust werden, er muß auf ein Minimum reduzirt werden. Und man wird — wir werden nicht müde, dies zu wiederholen — dadurch, daß man sich an die dabei Interessirten und nicht an Bureaux wendet, die geringste Summe von Unannehmlichkeiten für Alle erzielen."**)

Solchermaßen werden wir von den ersten Tagen der Revolution an eine **Organisation** besitzen; die Launen der souveränen „Individuen" werden durch die Bedürfnisse der Gesellschaft, durch die Logik der Sachlage in vernünftigen Grenzen gehalten werden. Und dennoch wird man sich in der vollen und ganzen Anarchie befinden, die individuelle Freiheit wird gerettet und gesund sein. Das erscheint unglaublich und ist doch wahr: es giebt eine Anarchie, und es giebt eine Organisation, es giebt bindende Regeln für Jedermann, und trotzdem thut Jeder, was er will. Ihr begreift das nicht? Die Sache ist höchst einfach. Diese Organisation wird nicht das Werk sein der „autoritären" Revolutionäre; diese alle verpflichtenden und doch anarchistischen Vorschriften wird das Volk, der große Verkannte, proklamirt haben, und das Volk ist sehr klug; wer, was Krapotkin nie Gelegenheit zu sehen hatte, Tage des Barrikadenkampfes gesehen, weiß davon zu erzählen.***)

---

*) La Conquête du Pain, Paris 1892, p.p. 77-78.
**) A. a. O. S. 111.
***) Da indeß Krapotkin zur Zeit des großen Dockerstreiks in London war und so Gelegenheit hatte, sich von der Art der Beschaffung der Lebensmittel für die Streikenden zu überzeugen, so sei doch festgestellt, daß dieselbe in ganz anderer Weise vor sich ging, als man nach dem obigen Satz glauben sollte. Ein organisirtes Komité, bestehend aus Gewerkschaftsvertretern und

Aber wenn der große Verkannte die Dummheit begehen wird, die von Krapotkin so verabscheuten „Büreaux" ins Leben zu rufen? Wenn er, wie er es im März 1871 gethan hat, sich eine revolutionäre „Regierung" giebt? Dann werden wir sagen, daß er sich geirrt hat, wir werden versuchen, ihn zu besserer Gesinnung zurückzuführen, und wenn nöthig, werden wir Bomben auf die „Sesseldrücker" schleudern. Wir werden das Volk sich zu organisiren auffordern, und wir werden alle Organe, die es sich geben wird, zerstören.

So verwirklicht man das ausgezeichnete anarchistische Ideal — in der Einbildung. Im Namen der Freiheit der Individuen läßt man alle Aktion der Individuen und der ganzen Partei der Revolutionäre in der des „Volkes" untergehen, ertränkt man die Individuen in der Masse. Hat man sich nur erst an diesen logischen Prozeß gewöhnt, so stößt man auf keine Schwierigkeit mehr und kann sich rühmen, durchaus nicht „autoritär" oder „utopistisch" zu sein. Was leicht, was angenehmer?

Aber um konsumiren zu können, muß man produziren. Krapotkin weiß das so gut, daß er bei dieser Gelegenheit dem „Autoritär" Marx eine tüchtige Lektion giebt.

„Das Uebel der gegenwärtigen Organisation liegt nicht darin, daß der „Mehrwerth" der Produktion dem Kapitalisten zu-

unterstützt durch Staatssozialisten (Champion) und Sozialdemokraten (J. Burns, T. Mann, El. Marx-Aveling rc.), schloß mit Lebensmittelhändlern Verträge ab und vertheilte an die Streikenden Marken, auf Grund deren dieselben bei den Händlern gewisse Mengen von Lebensmitteln erheben konnten. Die Lieferanten wurden bezahlt von dem Gelde, das durch Sammlungen aufgebracht worden, und zu diesen Sammlungen hatte das bürgerliche Publikum, ermuntert durch bürgerliche Blätter, in nicht geringem Grade beigesteuert. Eine direkte Vertheilung von Lebensmitteln an Streikende oder durch den Streik erwerbslos Gewordene geschah durch die Heilsarmee, eine durchaus zentralistisch-büreaukratisch organisirte Körperschaft, und andere philantropische Gesellschaften. Alles das hat sehr wenig mit der Frage der Beschaffung und Vertheilung der Lebensmittel „am Tage nach der Revolution", mit der Organisirung des „Dienstes der Lebensmittelversorgung" zu thun. Die Lebensmittel waren da, und es handelte sich nur um ihren Ankauf und ihre Vertheilung zu Unterstützungszwecken, das „Volk", d. h. die Streikenden, half sich gerade in dieser Hinsicht nicht selbst, sondern ihm wurde geholfen.

Beiläufig ist es auch nicht richtig, daß die Jakobiner sich nur mit der Politik beschäftigt hätten und das Volk Hungers sterben ließen. Die Gesetze über das „Maximum" und die Magazinirung von Lebensmitteln beweisen, daß sie es nicht an Versuchen fehlen ließen, die Lebensmittelfrage in einer für das Volk günstigen Weise zu regeln. Die großen Hungeraufstände brachen denn auch erst nach dem Sturz der Jakobiner aus. D. Uebers.

fällt — wie Robbertus und Marx gesagt — indem sie die sozialistische Auffassung und Gesammtideen über die Herrschaft des Kapitals solchermaßen einengen. Der Mehrwerth ist selbst nur eine Folge tieferer Ursachen. Das Uebel liegt darin, daß es überhaupt irgend „einen Mehrwerth" giebt, anstatt eines nicht von jeder Generation verbrauchten Ueberschusses; denn damit es „Mehrwerth" giebt, müssen Männer, Frauen und Kinder durch den Hunger gezwungen sein, ihre Arbeitskraft für einen minimalen Theil dessen zu verkaufen, was diese Kräfte produziren, und vor Allem von dem, was sie produziren können. (Armer Marx, der von diesen tiefen, obwohl von dem gelehrten Fürsten etwas konfus auseinandergesetzten Wahrheiten so gar nichts gewußt hat. G. P.) ... Es genügt in der That nicht, den aus einer Industrie realisirten Gewinn in gleichen Theilen zu vertheilen, wenn man zu gleicher Zeit Tausende anderer Arbeiter ausbeuten muß. **Es handelt sich darum, mit dem möglichst kleinen Verlust menschlicher Kraft die möglichst größte Summe der für das Wohl Aller nothwendigsten Produkte hervorzubringen."** (Von Krapotkin selbst unterstrichen.)

Unwissende Marxisten, die wir sind! Wir haben nie sagen hören, daß die sozialistische Gesellschaft eine planmäßige Organisation des gesellschaftlichen Produktionsprozesses voraussetzt. Da es Krapotkin ist, der uns dies enthüllt, so nichts vernünftiger als uns an ihn zu wenden, um zu erfahren, welchen Anblick diese Organisation darbieten wird. Auch in dieser Sache unterläßt er es nicht, uns sehr interessante Dinge zu erzählen.

„Stellen wir uns eine Gesellschaft vor, die mehrere Millionen in der Landwirthschaft und in einer großen Mannigfaltigkeit von Industrien beschäftigter Einwohner umfaßt, zum Beispiel Paris mit dem Departement Seine-et-Oise. Nehmen wir an, daß in dieser Gesellschaft alle Kinder ebenso mit ihren Armen wie mit ihrem Hirn arbeiten lernen. Setzen wir ferner voraus, daß alle Erwachsenen außer den mit der Kindererziehung beschäftigten Frauen, sich verpflichten, vom zwanzigsten oder zweiundzwanzigsten bis zum fünfundvierzigsten oder fünfzigsten Jahre **täglich fünf Stunden zu arbeiten**, und daß sie sich nach Belieben Beschäftigungen in irgend welchem Zweig der als nützlich betrachteten Arbeit hingeben.

„Eine solche Gesellschaft würde ihrerseits als Gegenleistung ihren Mitgliedern eine behagliche Existenz garantiren können, das heißt einen viel wahrhafteren Wohlstand als der ist, den heut die Bourgoisie genießt. — Und jeder Arbeiter dieser Gesellschaft würde außerdem wenigstens fünf Stunden täglich zur Verfügung haben, die er der Wissenschaft, der Kunst und anderen individuellen Bedürfnissen widmen kann, die nicht in die Kategorie von nothwendigen Bedürfnissen fallen, bis später, wenn die Produktivität des Menschen gestiegen, alles in diese Kategorie eingereiht wird, was heute noch als Luxus oder unzugänglich angesehen wird."*)

---

*) La Conquête du Pain, p. 128—129.

In der anarchistischen Gesellschaft wird es keine Autorität geben, sondern einen Vertrag (I, da sind Sie ja wieder, Monsieur Proudhon, man sieht, daß es Ihnen immer noch gut geht!), auf Grund dessen die unendlich freien Individuen „sich verpflichten" werden, in dieser oder jener „freien Kommune" zu arbeiten. Der Vertrag ist die Gerechtigkeit, die Freiheit und Gleichheit, er ist Proudhon, Krapotkin und alle Heiligen. Aber zu gleicher Zeit erlaube man sich nicht, mit dem Vertrag zu scherzen! — Er ist ein Ding, das von Vertheidigungsmitteln nicht so entblößt ist, als es den Anschein hat. In der That, beliebt es etwa dem Zeichner des frei eingegangenen Vertrages, seine Pflicht nicht zu erfüllen? Dann wird er aus der freien Kommune davongejagt werden und Gefahr laufen, Hungers zu sterben, was keine übermäßig heitere Aussicht ist.

Ich setze eine Gruppe von einer bestimmten Anzahl Freiwilliger voraus, die sich zu irgend einem Unternehmen vereinigt haben, für dessen Gelingen alle eifrig wetteifern, außer einem Mitglied, das häufig auf seinem Posten fehlt; wird man seinetwegen die Gruppe auflösen, einen Präsidenten ernennen, der Bußen auferlegt, oder wohl gar wie in der Akademie Präsenzmarken vertheilen? Es ist klar, das man weder das Eine noch das Andere thun wird, aber eines Tages wird man dem Kameraden, der das Unternehmen zu gefährden droht, sagen: „Mein Freund, wir möchten gern mit Dir zusammen arbeiten, aber da Du oft auf Deinem Posten fehlst, oder da Du Deine Arbeit nur nachlässig verrichtest, müssen wir uns trennen. Suche Dir andere Kameraden, die sich Deiner Nachlässigkeit anpassen!"*) Das ist im Grunde ziemlich stark, aber man beachte wohl, wie sehr noch jeder Anschein gewahrt, wie sehr man noch Anarchist ist ... in Worten. Wahrhaftig, wir werden nicht erstaunt sein, wenn sich in der anarchistisch-kommunistischen Gesellschaft Leute vorfinden, die auf Grund bloßer Ueberredung guillotinirt worden, oder wenigstens kraft eines frei eingegangenen Vertrags!

Was noch mehr sagen will, dies so anarchistische Mittel, die faulen „freien Individuen" zur Vernunft zu bringen, ist ganz und gar „natürlich", es „wird heut überall, in allen Industrieen, in Konkurrenz mit allen möglichen Bußsystemen, Lohnabzügen, Beaufsichtigungen ꝛc. geübt; der Arbeiter mag zur bestimmten Stunde die Werkstatt betreten, aber wenn er seine Arbeit schlecht macht, wenn er durch Nachlässigkeit oder andere Fehler seine Kameraden hindert, wenn er sich zankt, dann ist es zu Ende. Er wird gezwungen, die Werkstatt zu verlassen."**) Man sieht, wie das anarchistische „Ideal" vollständig über-

---

*) A. a. O. S. 201—202. **) A. a. O. S. 202.

einstimmt mit den „Tendenzen" der .... kapitalistischen Gesellschaft. (Und daß „der Umsturz auf ein Minimum reduzirt worden". D. Uebers.)

Uebrigens werden so extreme Maßregeln wie diese äußerst selten sein. Von dem Joch des Staats und der kapitalistischen Ausbeutung befreit, werden die Individuen aus eigenem freiem Antrieb die Bedürfnisse des großen Alls, der Gesellschaft, befriedigen. Es wird sich Alles mittels „freier Uebereinkunft" vollziehen.

„Nun wohl, Bürgerinnen und Bürger, mögen Andere die industrieelle Kaserne und das Kloster des autoritären Kommunismus predigen, wir erklären, daß die Tendenz der Gesellschaft in entgegengesetzter Richtung geht. Wir sehen Millionen und Millionen von Gruppen sich frei konstituiren, um alle verschiedenen Bedürfnisse menschlicher Wesen zu befriedigen, Gruppen, von denen die Einen nach Vierteln, nach Straßen, nach Häusern zusammengesetzt sind, die Andern sich über die Mauern der Städte, die Grenzen, die Ozeane hinüber (!) die Hände reichen. Alle zusammengesetzt aus menschlichen Wesen, die sich frei aufsuchen und die sich, nachdem sie ihre Arbeit des Produzirens erfüllt, vereinigen, sei es um zu konsumiren, sei es um Luxusartikel hervorzubringen oder auch um die Wissenschaft eine neue Richtung einschlagen zu machen. Das ist die Tendenz des XIX. Jahrhunderts, und wir folgen ihr; wir verlangen nichts als sie frei, ohne Hindernisse von Seiten der Regierungen, weiter entwickeln zu dürfen. Freiheit dem Individuum! „Nehmt Kiesel — sagte Fourier — thut sie in eine Schachtel und schüttelt sie; sie werden sich von selbst zu einem Mosaik zusammenfinden, wie ihr ein solches nie erhieltet, wenn ihr Jemand damit beauftragt, sie harmonisch zu ordnen.""*)

Ein witziger Mann hat gesagt, das Glaubensbekenntniß der Anarchisten lasse sich auf diese zwei Artikel eines phantastischen Gesetzes reduziren:

1. Es wird nicht sein.
2. Niemand ist mit der Ausführung des vorstehenden Artikels beauftragt.

Das ist nicht richtig. Die Anarchisten sagen:

1. Es wird Alles sein.
2. Niemand wird beauftragt, sich um das zu kümmern, was sein wird, was immer es auch sei.

Das ist ein verführerisches „Ideal", dessen Verwirklichung indeß unglücklicherweise nur wenig wahrscheinlich ist.

Was ist diese „freie Uebereinkunft", die nach Krapotkin sogar in der kapitalistischen Gesellschaft existirt? Er führte zur Bekräftigung zwei Arten von Beispielen an: a) solche, die sich auf die Produktion und die Zirkulation von Waaren beziehen;

---

*) L'anarchie dans l'évolution socialiste (conférence faite à la salle Levis) Paris. p. 20—21.

b) solche, die in das Bereich aller Arten von Liebhaber=Vereinen gehören, wie Gelehrte, Philantropen ꝛc.

„Nehmen wir alle großen Unternehmen, den Suezkanal, die transatlantische Schifffahrt, den Telegraphen, der die beiden Amerika verbindet. Nehmen wir kurz diese Organisation des Handels, die es ermöglicht, daß wir sicher sind, nachdem wir aufgestanden, das Brot beim Bäcker ... das Fleisch beim Fleischer und Alles, was ihr braucht, in den Geschäften vorzufinden. Ist dies das Werk des Staates? Gewiß, heut zahlen wir bei den Zwischenhändlern abscheulich theuer. Nun, ein Grund mehr, sie zu unterdrücken; aber nicht etwa zu glauben, daß man der Regierung die Aufgabe anvertrauen muß, für unsere Nahrung und Kleidung Vorsorge zu treffen."*)

Eine merkwürdige Geschichte. Wir haben damit angefangen, auf Marx zu schimpfen, der an nichts dachte, als den „Mehrwerth" zu unterdrücken und keine Idee von der Organisirung der Produktion hatte, und wir endigen damit, daß wir die Aufhebung der Profite der „Zwischenhändler" verlangen, indem wir, soweit die Produktion in Frage kommt, das bourgeoismäßige „Laisser faire, laisser passer" (Laßt gehen, laßt geschehen) predigen. Marx hätte nicht ohne Grund ausrufen können: „wer zuletzt lacht, lacht am besten."

Wir wissen alle, was das „freie Uebereinkommen" der Unternehmer bedeutet, und können nur die „absolute" Naivität des Mannes bewundern, der in ihm den Vorläufer des Kommunismus sieht. Gerade dieses anarchistische „Uebereinkommen" ist es, das man beseitigen muß, damit die Produzenten aufhören, die Sklaven ihrer eigenen Produkte zu sein.**)

Was die wirklich frei konstituirten Gesellschaften von Gelehrten, Künstlern, Philantropen ꝛc. anbetrifft, so weiß Krapotkin selbst, was ihr Beispiel werth ist. Sie sind „aus menschlichen Wesen zusammengesetzt, die sich frei aufsuchen, nachdem sie ihre Arbeit als Produzenten erledigt haben". Obgleich das nicht ganz richtig, — da es in diesen Gesellschaften oft keinen einzigen Produzenten giebt, — so beweist dies doch, daß man nur frei sein kann, nachdem man seine Rechnung mit der Produktion geordnet hat. Die famose „Tendenz des XIX. Jahrhunderts" sagt uns daher nichts über die Frage, auf die es ankommt, nämlich, wie sich die unbegrenzte Freiheit des Individuums mit den ökonomischen Bedürfnissen der kommunistischen Gesellschaft wird vereinigen können. Und da diese „Tendenz" allein den ganzen wissenschaftlichen

---

*) A. a. O. S. 19.

**) Krapotkin spricht vom „Suezkanal". Warum nicht vom Kanal von — Panama?

Apparat unseres „anarchistischen Denkers" ausmacht, so sind wir gezwungen, daraus zu schließen, daß sein Appell an die Wissenschaft nur eine einfache Phrase gewesen, daß er trotz seiner Verachtung der Utopisten einer der wenigst scharfsinnigen Utopisten, ein gewöhnlicher Jäger nach „dem besten Ideal" ist.

Das „freie Uebereinkommen" thut Wunder, wenn nicht in der anarchistischen Gesellschaft, die unglücklicherweise noch nicht existirt, so wenigstens in der anarchistischen Argumentation.

„Die gegenwärtige Gesellschaft abgeschafft, haben die Individuen nicht mehr nöthig, für den morgenden Tag Schätze zu sammeln — was ihnen übrigens durch die Abschaffung jedes Geldes oder repräsentativen Werthes unmöglich gemacht wird — da ihnen die Befriedigung all ihrer Bedürfnisse in der neuen Gesellschaft gesichert ist, da der Antrieb der Individuen nur in dem Ideal besteht, immer nach dem Bessern zu streben, und die Beziehungen des Individuums oder der Gruppen sich nicht mehr auf Grund jener Austausche vollziehen, bei denen jeder Abschließende nur seinen Partner hereinlegen will (das freie Uebereinkommen der Bourgeois, von dem Krapotkin spricht! G. P.), werden die Beziehungen nur gegenseitige Dienstleistungen zum Gegenstand haben, bei denen das Sonderinteresse nichts mehr zu thun hat, das Uebereinkommen wird leicht, die Ursachen der Zwistigkeiten werden verschwunden sein."*)

Frage: Wie wird die neue Gesellschaft die Bedürfnisse ihrer Mitglieder befriedigen? Auf welche Weise wird sie ihnen die Sicherheit des nächsten Tages bieten?

Antwort: Durch das freie Uebereinkommen.

Frage: Wird die Produktion möglich sein, wenn sie sich nur auf das freie Uebereinkommen der Individuen stützt?

Antwort: Durchaus! Und um sich davon zu überzeugen, braucht man nur **vorauszusetzen**, daß der folgende Tag gesichert ist, daß alle Bedürfnisse befriedigt sind, und, mit einem Wort, die Produktion, Dank dem freien Uebereinkommen, sehr gut von Statten geht.

Welch vorzügliche Logiker die Genossen sind, und welch schönes Ideal, das eine unlogische Voraussetzung zur Grundlage hat! Denn die einzige Grundlage des „Ideals" der anarchistischen Kommunisten ist diese petitio principii, diese „Voraussetzung" dessen, was gerade zu beweisen ist. Genosse Grave, der „tiefe Denker", ist besonders reich in Voraussetzungen. Sowie sich eine Schwierigkeit zeigt, „setzt er voraus", daß sie schon gelöst ist, und dann geht Alles aufs Beste in dem besten der Ideale.

Der „profunde" Grave ist weniger vorsichtig wie der „gelehrte" Krapotkin. Auch ist er es nur, dem es gelingt, das
_____

*) J. Grave, La Société au lendemain de la Révolution, Paris 1889, p. 61—62.

„Ideal" bis zum „absoluten" Widersinn zu treiben. Er fragt, was wird man machen, wenn in der „Gesellschaft des Tages nach der Revolution" ein Papa sich findet, der seinem Kinde jeden Unterricht verweigert. Der Papa ist ein Individuum mit unbegrenzten Rechten. Er befolgt die anarchistische Regel: „mache, was Du willst". Man hat somit kein Recht, ihn zur Vernunft zu bringen. Andererseits kann das Kind auch machen, was es will, und es will lernen. Wie sich aus diesem Konflikt ziehen, wie diese Verlegenheit lösen, ohne die heiligen Gesetze der Anarchie zu verletzen? Durch eine einfache „Voraussetzung".

„Da die Beziehungen (zwischen den Bürgern. G. P.) weit ausgebreiteter sind und viel mehr das Gepräge der Brüderlichkeit tragen als in der heutigen Gesellschaft, wie dieselbe auf den Antagonismus der Interessen gegründet ist, folgt, daß das Kind durch das, was es unter seinen Augen sich zutragen sieht, durch das, was es täglich hört, dem Einfluß der Eltern entgehen und alle nothwendigen Erleichterungen zur Erwerbung von Kenntnissen finden wird, welche seine Eltern ihm verweigern, umsomehr da, wenn das Kind, zu unglücklich unter der Herrschaft, die die Eltern ihm auferlegen wollen, diese verlassen wird, um sich unter den Schutz von Leuten zu stellen, für die es mehr Sympathien empfindet, die Eltern nicht in der Lage sind, Gensdarmen hinter es her zu schicken, die den Sklaven in ihre Gewalt zurückbringen, wie dies ihnen jetzt das Gesetz gestattet."*)

Es ist nicht das Kind, das seinen Eltern entflieht, es ist der Utopist, der sich vor der unübersteiglichen logischen Schwierigkeit zu retten sucht. Und dennoch erschien den Genossen sein salomonisches Urtheil so profund, daß es wörtlich zitirt ward von Emile Darnaud in seinem Buch „La société future", Soix, 1890 p. 26 — ein Buch, das speziell dazu bestimmt ist, die gelehrten Tüfteleien Grave's zu popularisiren.

„Die Anarchie, das Nicht=Regierungssystem des Sozialismus, hat einen doppelten Ursprung. Sie ist ein Produkt der zwei großen Bewegungen des Geistes auf ökonomischem und politischem Gebiet, das unser Jahrhundert und besonders den zweiten Theil desselben charakterisirt. In Gemeinschaft mit allen Sozialisten behaupten die Anarchisten, daß der Privatbesitz von Boden, Kapital und Maschinen die längste Zeit bestanden hat, daß derselbe verurtheilt ist zum Verschwinden, und daß alle Produktionsmittel Gemeingut der Gesellschaft und von den Produzenten des gesellschaftlichen Reichthums gemeinsam geleitet werden müssen und werden. Und in Uebereinstimmung mit den vorgeschrittensten Repräsentanten des politischen Radikalismus behaupten sie, daß das Ideal der politischen Organisation der Gesellschaft in einer Lage der Dinge besteht, wo die Funktionen der Regierung auf

---

*) A. a. O. S. 99.

ein Minimum reduzirt sind und das Individuum seine volle Freiheit der Initiative und des Handelns zurückerhält, um durch das Mittel frei konstituirter freier Gruppen und Verbindungen all die unendlich verschiedenen Bedürfnisse des menschlichen Wesens zu befriedigen.

Was den Sozialismus anbetrifft, so gelangen die meisten Anarchisten zu dessen letzten Schluß, das heißt zu einer vollständigen Verneinung des Lohnsystems und zum Kommunismus. Und in Bezug auf die politische Organisation gelangen sie dadurch, daß sie dem oben erwähnten Theil des radikalen Programms eine weitere Entwicklung geben, zu dem Schluß, daß das letzte Ziel der Gesellschaft darin besteht, die Funktion der Regierung auf nichts zu reduziren — das heißt zu einer Gesellschaft ohne Regierung, zur Anarchie.

Die Anarchisten behaupten weiter, daß, da dies das Ideal der sozialen und politischen Organisation ist, sie es nicht auf künftige Jahrhunderte schieben dürfen, sondern daß nur solche Aenderungen in unserer sozialen Organisation lebensfähig und segenbringend für das Gemeinwesen sein werden, die in Uebereinstimmung sind mit dem oben erwähnten doppelten Ideal und eine Annäherung an dasselbe bilden."*)

Krapotkin enthüllt uns hier in wunderbar klarer Weise den Ursprung und die Natur seines „Ideals". Dieses Ideal ist gleich dem Bakunin's in Wirklichkeit ein „doppeltes"; es ist in Wahrheit erzeugt worden durch den Verkehr des Bourgeois-Radikalismus, oder vielmehr des Manchesterthums mit dem Kommunismus, wie Jesus erzeugt wurde durch den Verkehr des heiligen Geistes mit der Jungfrau Maria. Die zwei Naturen des anarchistischen Ideals sind ebenso schwer zu versöhnen wie die zwei Naturen des Sohnes Gottes. Aber eine dieser Naturen kriegt offenbar die andere schließlich unter. Die Anarchisten „wollen" damit beginnen, unmittelbar das zu verwirklichen, was Krapotkin „das letzte Ziel der Gesellschaft" („The ultimate aim of society") nennt, das heißt mit der Zerstörung des Staats. Ihr Ausgangspunkt ist immer die unbegrenzte Freiheit des Individuums. Das Manchesterthum vor Allem, — der Kommunismus kommt erst nachher.**) Aber um uns über das wahrscheinliche Schicksal dieser zweiten Natur

---

*) Anarchist Communism, p. 3.
**) „L'anarchia è il funzionamento armonico di tutte le autonomie, risolventesi nella eguaglianza totale della condizioni umane." L'anarchia nella scienza e nell' evoluzione. (Traduzione dello Spagnuolo), Prato (Toscana) 1892. p. 26. (Deutsch): „Die Anarchie ist das harmonische Funktioniren aller Selbstbestimmungen, aufgelöst in der totalen Gleichheit aller menschlichen Bedingungen." Die Anarchie in der Wissenschaft und in der Entwicklung. Aus dem Spanischen.)

ihres Ideals zu beruhigen, singen die Anarchisten unaufhörlich das Lob der Weisheit, der Güte und Vorsicht des Menschen der „Zukunft". Er wird so vollkommen sein, daß er es ohne Zweifel verstehen wird, die kommunistische Produktion zu organisiren. Er wird so vollkommen sein, daß man sich, ihn bewundernd, fragt, warum könnte man ihm nicht ein wenig — „Autorität" anvertrauen?

IV.
Die sogenannte anarchistische Taktik.
Ihre Moral.

Die Anarchisten sind Utopisten. Ihr Gesichtspunkt hat nichts gemein mit dem des modernen wissenschaftlichen Sozialismus.

Aber es giebt Utopien und Utopien. Die großen Utopisten der ersten Hälfte unseres Jahrhunderts waren geniale Männer; sie trieben die soziale Wissenschaft, die sich zu ihrer Zeit noch gänzlich auf dem utopistischen Standpunkt hielt, vorwärts. Die Utopisten unserer Tage, die Anarchisten, sind Quintessenzen= Auszieher („abstracteurs de quintessence"), die nichts ver= stehen, als so gut es eben geht, einige dürftige Schlüsse aus einigen vermumifizirten Prinzipien zu ziehen. Sie haben nichts mit der sozialen Wissenschaft zu thun, die sie in ihrem Fortgang wenigstens um ein halbes Jahrhundert überholt hat. Ihren „profunden Denkern", ihren „erhabenen Theoretikern" ist es nicht einmal gelungen, die zwei Enden ihrer eigenen Be= weisführung zusammen zu bringen. Sie sind die Utopisten des Verfalls, geschlagen von unheilbar geistiger Blutarmuth. Die großen Utopisten haben viel für die Entwicklung der Arbeiter= bewegung gethan. Die Utopisten unserer Tage thun nichts, als ihren Fortschritt aufhalten. Und es ist vor Allem ihre so= genannte Taktik, die dem Proletariat schadet.

Wir wissen bereits, daß Bakunin die Statuten der Inter= nationale in dem Sinne interpretirte, daß die Arbeiterklasse jeder politischen Thätigkeit entsagen und ihre Kräfte auf dem Gebiet des „unmittelbar ökonomischen" Kampfes für die Erhöhung der Löhne, die Verkürzung der Arbeitszeit und so weiter konzentriren müsse. Bakunin fühlte selbst heraus, daß eine solche Taktik wenig revolutionär ist. Er versuchte sie durch die Thätigkeit seiner Alliance zu ergänzen und predigte den „Putsch".*) Aber je mehr sich das Klassenbewußtsein des

---

*) In ihren Träumen von Putschen und selbst von Revo= lutionen verbrennen die Anarchisten mit Leidenschaft und Ent=

Proletariats entwickelt, desto mehr neigt sich dasselbe auf die Seite der politischen Aktion und läßt die zur Zeit seiner Kindheit so häufigen Putsche fahren. Es hält schwerer, die auf einer bestimmten Höhe der politischen Entwicklung angelangten Arbeiter des westlichen Europa zu einem Putsch zu treiben, als zum Beispiel die leichtgläubigen und unwissenden russischen Bauern. Da das Proletariat an der Taktik der Putsche keinen Geschmack fand, waren die „Genossen" gezwungen, sie durch die „individuelle Aktion" zu ersetzen. Hauptsächlich nach dem Aufstandsversuch von Benevent in Italien 1877 war es, daß die Bakunisten die Propaganda der That zu verherrlichen begannen; aber wenn wir einen Blick zurückwerfen auf die Zeit, die uns von dem Versuch bei Benevent trennt, so sehen wir, daß diese Propaganda eine ganz spezielle Wendung genommen hat: sehr wenig Putsche, und obendrein sehr unbedeutende Putsche, aber viel persönliche Attentate gegen öffentliche Gebäude, gegen Personen und selbst gegen das — „individuell erbliche" Eigenthum. Es konnte dies nicht anders sein.

„Wir haben schon zahlreiche Aufstände von Volksmassen gesehen, die dringende Reformen erlangen wollten", sagte Louise Michel zu einem Korrespondenten des „Matin", der sie bei Gelegenheit von Vaillant's Attentat interviewte. „Was geschah? Man füsilirte das Volk. Nun wohl, wir finden, daß das Volk Blut genug hat lassen müssen; es ist besser, daß Leute von Herz sich opfern und auf ihre eigene Gefahr Gewaltakte begehen, die die Terrorisirung der Regierung und des Bourgeois zum Zweck haben."*)

Das ist just, was wir eben gesagt, nur mit ein bischen anderen Worten. Louise Michel hat hinzuzufügen vergessen, daß ehemals die Putsche, die den Aderlaß des Volkes mit sich bringen, an der Spitze des Programms der Anarchisten figurirten, bis diese sich überzeugten, nicht, daß diese partiellen Erhebungen in keiner Weise der Sache der Arbeiter nützen, sondern daß in den meisten Fällen die Arbeiter von diesen Putschen nichts hören wollen.

Der Irrthum hat seine Logik ebenso wie die Wahrheit. Wenn man die politische Aktion der Arbeiterklasse verwirft, so gelangt man, wenn man nur nicht den bürgerlichen Politikern

---

zücken die Eigenthumstitel und alle Regierungspapiere. Es ist besonders Krapotkin, der diesen „Autodafés" eine enorme Wichtigkeit beilegt. Man möchte sagen, ein rebellischer Bureaukrat.

*) Abgedruckt im „Peuple", Lyon, 20. Dezember 1893.

dienen will, nothwendigerweise dazu, die Taktik der Vaillant und Henry anzunehmen.

> Verachte nur Vernunft und Wissenschaft,
> Des Menschen allerhöchste Kraft,
> Laß nur in Blend= und Zauberwerken
> Dich von dem Lügengeist bestärken,
> So hab ich Dich schon unbedingt. . . .

Was die Blend= und Zauberwerke anbetrifft, so sind sie in der Argumentirung der Anarchisten gegen die politische Thätigkeit des Proletariats in Unzahl vertreten. Hier wird die Geschwindigkeit zur wirklichen Hexerei. So bedient sich Krapotkin gegen die Sozialdemokraten ihrer eigenen Waffe, der materialistischen Geschichtsauffassung. Er versichert:

„Jeder neuen ökonomischen Lebensphase entspricht eine neue politische Phase. Die absolute Monarchie, das heißt die Herrschaft des Hofes, entspricht dem System der Hörigkeit (was beiläufig grundfalsch. D. Ueberf.), die repräsentative Regierung entspricht der Herrschaft des Kapitals. Beides jedoch sind Systeme der Klassenherrschaft. Aber in einer Gesellschaft, in der der Unterschied zwischen Kapitalist und Arbeiter verschwunden ist, ist kein Bedürfniß nach solcher Regierung, dieselbe würde ein Anachronismus, eine Last sein."*)

Wenn die Sozialdemokraten ihm sagen würden, sie wüßten dies mindestens ebenso gut als er, so würde Krapotkin ihnen antworten, das sei möglich, aber daß sie alsdann aus diesen „Prämissen" keinen logischen „Schluß" ziehen wollten. Er, Krapotkin, ist ein guter Logiker. Weil die politische Konstitution jedes Landes durch dessen ökonomische Struktur bestimmt ist, argumentirt er, ist die politische Aktion der Sozialisten ein absoluter Unsinn.

„Zum Sozialismus oder selbst (!) zur agrarischen Revolution durch das Mittel einer politischen Revolution gelangen wollen, ist die reinste Utopie, weil die Geschichte überall zeigt, daß die politischen Veränderungen aus den großen ökonomischen Revolutionen hervorgehen und nicht umgekehrt."**)

Hat der beste Geometer der Welt je etwas unumstößlicheres vorgebracht als diese Beweisführung?

Sich auf diese unerschütterliche Grundlage stützend, räth Krapotkin den russischen Revolutionären, ihrem politischen Kampf mit dem Zarismus zu entsagen. Sie sollen ein unmittelbar ökonomisches Ziel verfolgen.

Die Emanzipation der russischen Bauern vom Joch der Hörigkeit, das bis auf den heutigen Tag auf ihnen lastet, ist

---

*) The Anarchist Communism, p. 8.
**) Vorrede von Krapotkin zur russischen Ausgabe von Bakunin's Broschüre: „Die Kommune von Paris und die Idee des Staats". Genf, 1892, S. V.

somit die erste Aufgabe des russischen Revolutionärs. Indem er auf diesem Gebiet arbeitet, arbeitet er direkt und unmittelbar zum Nutzen des Volkes ... und unter Anderem bereitet er die Schwächung der zentralisirten Macht des Staats und dessen Einschränkung vor."*)

Also die Emanzipation der Bauern wird die Schwächung des russischen Zarismus vorbereitet haben. Aber wie die Bauern emanzipiren, bevor der Zarismus gestürzt ist?. Absolutes Geheimniß! Diese Emanzipation ist ein wahrhaftes Zauberwerk! Der alte Liscow hatte schon Recht, wenn er sagte: „Es ist leichter und natürlicher mit den Fingern zu schreiben, als mit dem Kopfe."

Wie dem auch sei, die ganze Politik der Arbeiterklasse soll sich in die wenigen Worte zusammenfassen lassen: „Nieder mit der Politik! Es lebe der unmittelbar ökonomische Kampf!" Das ist Bakunismus, aber vervollkommneter Bakunismus. Bakunin selbst trieb die Arbeiter an, für die Verkürzung des Arbeitstages und die Erhöhung der Löhne zu kämpfen. Die anarchistischen Kommunisten von heute suchen „den Arbeitern begreiflich zu machen, daß sie bei diesen Spielereien nichts zu gewinnen haben, und daß die Gesellschaft nur umzuformen ist durch die Zerstörung der sie lenkenden Einrichtungen."**) Die Erhöhung der Löhne ist nutzlos.

„Sind Nord=Amerika und Süd=Amerika nicht da, um uns zu beweisen, daß überall da, wo es dem Arbeiter gelungen ist, höhere Löhne bezahlt zu erhalten, die Verbrauchsmittel dementsprechend gestiegen sind, und daß er, wenn es ihm gelungen ist, 20 Francs täglich zu verdienen, er 25 braucht, um zu leben, wie ein gut gestellter Arbeiter leben kann, so daß er sich immer unter dem Durchschnitt befunden hat."***)

„Die Verkürzung der Arbeitszeit ist zum mindestens überflüssig, weil sich das Kapital auf die „systematische Identifizirung der Arbeit" mittels vollkommener Maschinen legen wird. Marx selbst hat dies so klar wie nur möglich bewiesen."†)

Wir wissen, Dank Krapotkin, daß das anarchistische Ideal einen doppelten Ursprung hat. Einen doppelten Ursprung haben auch alle „Beweisführungen" der Anarchisten. Einerseits sind sie den vulgären Handbüchern der politischen Oekonomie entnommen, die von den vulgärsten Bourgeois=Oekonomen verfaßt werden. Beispiel hierfür ist die Dissertation von Grave über die Löhne, der „Bastiat" mit Begeisterung applaudirt hätte. Andererseits wenden sich die Genossen, indem sie sich ein wenig des „kommunistischen" Ursprungs ihres Ideals erinnern, an Marx und zitiren ihn, ohne ihn verstanden zu haben. Schon Bakunin hatte sich durch den Marxismus „sophistizirt" gezeigt. Die modernen Anarchisten, von Krapotkin angefangen,

---

*) A. a. O., dieselbe Seite. **) G. Grave, la société mourante et l'anarchie p. 253. ***) A. a. O. S. 249. †) A. a. O. 250—251.

sind es noch mehr.*) Das Alles würde lächerlich sein, wäre es nicht zu traurig, wie der russische Dichter Lermontoff sagt. In der That, es ist traurig. Jedesmal, wenn das Proletariat eine Anstrengung macht, um irgendwelche Verbesserung seiner ökonomischen Lage zu erringen, laufen von allen Seiten „Leute von Herz" herbei, die es mit einer zärtlichen Liebe zu lieben behaupten, und die, indem sie sich auf ihre hinkenden Schlüsse stützen, versuchen, es von seiner Bewegung loszureißen, alles Mögliche aufbieten, um ihm zu beweisen, daß diese Bewegung unnütz ist. Wir haben das zum Beispiel bei Gelegenheit des Achtstundentages gesehen, den die Anarchisten überall, wo sie konnten, mit einem Eifer bekämpften, der eines bessern Schicksals werth war. — Wenn das Proletariat unbekümmert weiter schreitet, wenn es fortfährt, sein „unmittelbar ökonomisches" Ziel zu verfolgen — und es hat die glückliche Gewohnheit, dies zu thun — so erscheinen dieselben „Leute von Herz" mit Bomben versehen wieder und liefern der Regierung den gewünschten und gesuchten Vorwand, über es herzufallen. Wir haben das in Paris am ersten Mai 1890 gesehen; wir sehen es oft bei den Streiks. Brave Leute, diese „Männer von Herz"!

Ein Anarchist will keinen „Parlamentarismus", weil dieser das Proletariat nur „einschläfert"; er will keine „Reformen", weil Reformen Kompromisse mit den besitzenden Klassen bedeuten. Er will die Revolution, die einfache, ganze, unmittelbare und unmittelbar ökonomische Revolution. Um dies Ziel zu erreichen, versieht er sich mit einem mit Explosivstoffen angefüllten Topf und schleudert denselben in irgend ein Kaffeehaus oder Theater auf das Publikum. Er behauptet, das sei ein Stück „Revolution", wir aber erblicken darin nur einen „unmittelbar" rasenden Wahnwitz.

Es braucht nicht erst gesagt zu werden, daß die Bourgeoisregierungen, so scharf sie auch mit den Verübern der Attentate verfahren mögen, sich ob deren Taktik nur gratuliren können. „Die Gesellschaft ist in Gefahr!" „Caveant consules!" Und die Polizei-„Konsuln" handeln, während die öffentliche

---

*) Die Unwissenheit Grave's, des „profunden Denkers", ist im Allgemeinen sehr bemerkenswerth, aber sie übersteigt alle Grenzen der Möglichkeit in Sachen der politischen Oekonomie; hier kommt sie nur der des gelehrten Geologen Krapotkin gleich, der, sobald er an eine ökonomische Frage herangeht, die ärgsten Ungeheuerlichkeiten sagt. Wir bedauern sehr, daß der Mangel an Raum uns nicht erlaubt, unsere Leser durch das Schauspiel der anarchistischen politischen Oekonomie zu ergötzen. Sie müssen sich mit dem zufrieden geben, was Krapotkin ihnen über Marx und den „Mehrwerth" gelehrt.

Meinung allen reaktionären Maßregeln, die die Minister behufs Rettung der Gesellschaft aushecken, Beifall klatscht.

„Die terroristischen Gesellschaftsretter in der Uniform brauchen für ihr Ansehen bei den Philisterschaaren den Nimbus, als seien sie die echten Söhne der „heiligen Ordnung", der „segensreichen Himmelstochter", und zu diesem Nimbus verhelfen ihnen die schülerhaften Attentate der Terroristen in Lumpen. So ein dummer Teufel merkt es garnicht einmal, wenn er in seinen wüsten Phantastereien schwelgt, daß er nur als Puppe an den Drähten eines geschickten Terroristen hinter den Staatsmanns-Koulissen zappelt; er merkt es nicht, daß die Furcht und der Schrecken, die er ausübt, nur dazu dienen, dem Philisterheere die Sinne so zu umnebeln, daß es jeder Metzelei zujauchzt, die der Reaktion die Wege ebnet."*)

Schon Napoleon III. leistete sich von Zeit zu Zeit ein Attentat, um noch ein weiteres Mal die von den Feinden der Ordnung bedrohte Gesellschaft zu retten. Die sauberen Geständnisse des sehr unsauberen Andrieux,**) das Thun und Treiben der deutschen und österreichischen Hetzagenten, die neuesten Enthüllungen über das Attentat auf das Parlament in Madrid ꝛc. beweisen klar, daß die heutigen Regierungen aus der Taktik der „Genossen" enormen Vortheil ziehen und daß die Arbeit der Terroristen in Uniform weit schwerer wäre, wenn die Anarchisten nicht mit so viel Eifer bemüht wären, sie ihnen zu erleichtern.

So hat denn auch die reaktionäre und konservative Presse stets eine kaum verhüllte Sympathie mit den Anarchisten an den

---

*) „Vorwärts", 23. Januar 1894.

**) „Die Genossen suchten Jemand, der die Kaution stellen würde, aber das infame Kapital zeigte nicht die geringste Lust, der Aufforderung Folge zu leisten. Ich gab ihm einen Rippenstoß, diesem infamen Kapital, und es gelang mir, es zu überzeugen, daß es in seinem Interesse lag, die Publizirung eines anarchistischen Blattes zu begünstigen ... Glaube man indeß nicht, daß ich den Anarchisten die fördernde Hand der Polizeipräfektur mit brutaler Offenheit angeboten. Ich beauftragte einen gut gekleideten Bourgeois, einen der thätigsten und intelligentesten unter ihnen aufzusuchen. Er erklärte ihm, daß er einiges Vermögen im Droguenhandel erworben habe und nunmehr einen Theil seiner Einkünfte der sozialistischen Propaganda zukommen zu lassen wünsche. Dieser Bourgeois, der aufgefressen werden wollte, flößte den Genossen nicht das geringste Mißtrauen ein. Durch seine Vermittlung hinterlegte ich die Kautionssumme bei der Staatskasse und das Journal „La Révolution Sociale" kündigte sein Erscheinen an. Es war ein Wochenblatt, da meine Großmuth als Droguist nicht so weit ging, die Kosten für ein täglich erscheinendes Blatt zu bestreiten." — Vergl. die Souvenirs d'un préfet de police" („Erinnerungen eines Polizeipräfekten"). Jules Rouff & Comp., Editeurs, Paris 1885, I., p. 337 und folgende.

Tag gelegt, und es schmerzlich bedauert, daß die ihres Ziels bewußten Sozialisten nichts mit denselben zu thun haben wollen. „Sie verjagen sie wie arme Hunde", bemitleidete sie der „Figaro" von Paris bei Gelegenheit der Ausweisung der Genossen aus dem Kongreß zu Zürich.*)

Ein Anarchist ist ein Mensch, der — wenn er kein Spitzel ist — dazu verdammt ist, immer und überall das Gegentheil von dem zu erzielen, was er zu erzielen sucht.

„Arbeiter in ein Parlament schicken", sagte Borbat vor dem Gerichtshofe von Lyon im Jahre 1883, „heißt wie eine Mutter handeln, die ihre Tochter an einen Ort der Prostitution führt." Es geschieht also auch im Namen der Moral, daß die Anarchisten die politische Aktion verwerfen. Aber wohin kommen sie mit ihrer Furcht vor der parlamentarischen Korruption? Zur Verherrlichung des Diebstahls („Thue Geld in deinen Beutel" schrieb Most schon im Jahre 1880 in seiner „Freiheit"), zu den Heldenthaten der Duval und Ravachol, die im Namen der „Sache" die gemeinsten und widerlichsten Verbrechen begehen. Der russische Schriftsteller Herzen erzählt irgendwo, er habe in einer kleinen Stadt Italiens nichts als Priester und Banditen angetroffen, und er sei ganz verdutzt darüber gewesen, daß er nicht zu unterscheiden vermochte, welches die Priester und welches die Banditen waren. In dieser Lage befinden sich heute alle unparteiischen Leute den Anarchisten gegenüber: wie soll man errathen, wo der „Genosse" aufhört und wo der Bandit beginnt? Den Anarchisten selbst gelingt dies nicht immer, wie die Kontroversen beweisen, die der Fall Ravachol in ihren Kreisen hervorgerufen. Die Bessern unter ihnen, die, deren Ehrenhaftigkeit durchaus unbestreitbar ist, schwanken denn auch beständig in ihrem Urtheil über die „Propaganda der That".

So sagt Elisée Reclus:

„Die Propaganda der That verdammen? Aber was ist denn diese Propaganda anders als das Predigen des Guten und der Menschenliebe durch das Beispiel. Diejenigen, die Gewalt-

---

*) Beiläufig. Die Anarchisten beanspruchen die Zulassung zu den sozialistischen Kongressen im Namen der Freiheit des Volkes. Hier indeß die Ansicht des französischen Moniteurs der Anarchie über die Kongresse. „Die Anarchisten können sich beglückwünschen, daß einige von ihnen auf dem Kongreß von Troyes gewesen. So abgeschmackt, sinn- und zwecklos ein anarchistischer Kongreß wäre, so logisch ist es, die sozialistischen Kongresse auszunutzen, um dort seine Ideen zu entwickeln." (La Révolte, Nummer vom 6. bis 12. Januar 1889.) Dürfen wir nicht — auch im Namen der Freiheit — die Genossen ersuchen, uns in Ruhe zu lassen?

alte „Propaganda der That" benennen, beweisen, daß sie die Bedeutung dieses Ausdrucks nicht verstanden haben. Der Anarchist, der seine Rolle versteht, wird statt irgend eine Person zu ermorden, sich ausschließlich bemühen, sie seinen Ueberzeugungen zuzuführen und einen Abepten aus ihr zu machen, der seinerseits Propaganda der That machen wird, indem er sich gut und gerecht gegen Alle, die ihm begegnen, zeigt."*)

Wir wollen nicht fragen, was von einem Anarchisten übrig bleibt, der sich von der Taktik der Attentate entschieden lossagt. Wir ersuchen den Leser nun, sich die folgenden Zeilen genauer anzusehen.

„Der Herausgeber des „Sempre Avanti" („Immer vorwärts") schreibt an Elisée Reclus und fragte ihn um seine wahre Meinung über Ravachol. Reclus antwortete: „Ich bewundere seinen Muth, seine Herzensgüte, seine Seelengröße, die Großmuth, mit der er seinen Feinden oder besser seinen Verräthern vergiebt. Ich kenne kaum irgend welche Menschen, die ihn an Edelmuth überragen. Ich unterlasse es, auf die Frage einzugehen, wie weit es jedesmal immer wünschenswerth ist, sein eigenes Recht zum Aeußersten zu treiben und ob nicht andere, vom Gefühl menschlicher Solidarität geleitete Erwägungen überwiegen sollten. Dennoch gehöre ich nichtsdestoweniger zu denen, die in Ravachol einen Helden von seltener Hochherzigkeit anerkennen."" **)

Das reimt sich durchaus nicht mit der oben zitirten Erklärung und beweist unwiderlegbar, daß der Bürger Reclus sehr unsicher ist, daß er nicht genau zu sagen weiß, wo sein „Genosse" endigt und wo der Bandit anfängt.

Das Problem ist um so schwieriger zu lösen, als es nicht wenig Individuen giebt, die zu gleicher Zeit „Banditen" **und** Anarchisten sind. Ravachol ist durchaus keine Ausnahme. Bei den jüngst in Paris verhafteten Anarchisten Ortiz und Chiericotti hat man eine enorme Masse gestohlener Gegenstände gefunden. Und es ist nicht nur Frankreich, wo diese Verbindung anscheinend sehr verschiedener Gewerbe anzutreffen ist. Es genügt, an die Fälle Kammerer und Stellmacher in Wien zu erinnern.

Krapotkin müht sich ab, uns glauben zu machen, daß die anarchistische Moral eine Moral ohne Verpflichtung und gesellschaftliche Sanktion, eine Moral, die jeder utilitarischen Erwägung fremd ist, dasselbe ist wie die natürliche Volksmoral,

---

*) Siehe in „L'Etudiant socialiste". Brüssel, No. 6 von 1894, den Abdruck einer Erklärung E. Reclus' einem Herrn gegenüber, der ihn betreffs der anarchistischen Attentate befragte.

**) Aus dem „Twenthieth Century, a radical weekly magazine". New-York, September 1892, S. 15.

wie die „Moral der Gewohnheit", gut zu handeln.*) Die Moral der Anarchisten ist die von Personen, die jede menschliche Handlung vom abstrakten Gesichtspunkt der unbegrenzten Rechte des Individuums abschätzen, und die im Namen dieser Rechte die grausamsten Gewaltthaten, die abstoßendste Willkür für „nicht= schuldig" erklären. „Was kommt's auf die Opfer an", rief noch am Abend des Attentats Vaillant der anarchistische Dichter Laurent Tailhabe, auf dem Bankett der Gesellschaft „La Plume" aus, „wenn nur die Geste (die Handbewegung) schön ist!"

Tailhabe ist ein „Dekadent" (Verfallsmensch), der gerade infolge des Umstandes, daß er blasirt ist, den Muth seiner anarchistischen Ueberzeugung hat. Die Anarchisten bekämpfen die Demokratie, weil nach ihnen die Demokratie nur die Tyrannei der Mehrheit gegenüber der Minderheit bedeute. Die Mehrheit hat kein Recht, ihren Willen der Minorität aufzuzwingen. Aber wenn dem so ist, im Namen welchen moralischen Prinzips lehnen sich die Anarchisten denn gegen die Bourgeoisie auf? Etwa weil diese keine Minderheit ist? Oder weil sie nicht thut, was sie „will"?

„Fais ce que voudras — Thue was Dir beliebt", proklamiren die Anarchisten. Der Bourgeoisie „beliebt" es, das Proletariat auszubeuten, und sie thut dies sehr gut. Sie befolgt das anarchistische Rezept, und die Genossen haben sehr Unrecht, sich über ihr Verhalten zu beklagen. Sie werden aber vollkommen lächerlich, wenn sie dieselbe im Namen ihrer Opfer bekämpfen. „Was kommt es auf den Tod unbestimmten Menschenvolks an", fährt der anarchistische Logiker Tailhabe fort, „wenn sich durch ihn das Individuum bekräftigt?" Da haben wir die wahre Moral der Anarchisten, sie ist die der gekrönten Häupter: „sic volo!" „sic jubeo!"**) (So will ich, so befehle ich!)

Kurz: im Namen der Revolution dienen die Anarchisten der Sache der Reaktion; im Namen der Moral billigen sie die unmoralischsten Handlungen; im Namen

---
*) Siehe sein „Anarchist Communism", Seite 34—35, sein „L'Anarchie dans l'évolution socialiste", S. 24—25, und seine „Morale anarchiste" an verschiedenen Stellen.

**) Tailhabe wurde bekanntlich kurz nach seiner Aeußerung bei einer Explosion im Restaurant Foyot verwundet ist. Die Depesche („La Tribune de Genève", 5. April 1894) fügt hinzu: Herr Tailhabe hört nicht auf, sich gegen die ihm zugeschriebenen anarchistischen Theorien zu verwahren. Als ein Angestellter ihn an seine Artikel und an die oben erwähnte berühmte Phrase erinnerte, schwieg Herr Tailhabe und verlangte Chloral zur Linderung seiner Schmerzen.

der individuellen Freiheit treten sie alle Rechte ihrer Mitmenschen mit Füßen.

Und gerade deswegen bricht sich die ganze anarchistische Doktrin an ihrer eigenen Logik den Hals. Wenn der erstbeste Besessene, blos weil es ihm so gefällt, soviel Menschen tödten darf, wie er will, so darf die aus einer ungeheuren Anzahl von Individuen zusammengesetzte Gesellschaft ihn sehr wohl zur Vernunft bringen, weil dies keineswegs ihre Laune, wohl aber ihre Pflicht ist, weil dies die conditio sine qua non (die unerläßliche Bedingung) ihrer Existenz ist.

Schlußwort.
Die Bourgeoisie, der Anarchismus und der Sozialismus.

Der „Vater der Anarchie", der „unsterbliche" Proudhon, spottete bitter über diejenigen Leute, für die die Revolution sich auf Gewaltakte, auf Austauschen von Hieben und auf Blutvergießen reduzirt. Die Abkömmlinge des „Vaters", die modernen Anarchisten, verstehen die Revolution ausschließlich auf diese kindisch brutale Art. Alles was nicht Gewalt ist, ist ein Verrath an der Sache, ein unsauberer Kompromiß mit der „Autorität".*)

Die Bourgeoisie ihrerseits weiß in ihrer Bestürztheit nicht, was gegen sie unternehmen. Auf dem Boden der Theorie ist sie gegen die Anarchisten absolut ohnmächtig. Dieselben sind ihre eigenen Schreckenskinder. Sie war es, die zuerst die Theorie des „Gehenlassens", den Individualismus mit fliegenden Haaren, propagirte. Ihr heute bedeutendster Philosoph, Herbert Spencer, ist nur ein konservativer Anarchist. Die „Genossen" sind die thätigen und rührigen Leute, die die Bourgeoislogik auf die Spitze treiben.

Die Richter der Bourgeoisrepublik haben Grave zu Gefängniß verurtheilt und die Vernichtung seines Buches „la société mourante et l'anarchie" (die sterbende Gesellschaft und die Anarchie) verfügt. Die Bourgeoisschriftsteller haben dieses erbärmliche Buch für ein profundes Werk und

---

*) Es ist wahr, daß Männer wie Reclus nicht immer diese Auffassung der Revolution billigen. Aber noch einmal, was bleibt von einem Anarchisten übrig, der „die Propaganda der That" verneint? Nichts als ein träumender und sentimentaler Bourgeois!

seinen Verfasser für eine seltene Intelligenz erklärt! Und nicht nur hat die Bourgeoisie keine theoretische Waffe, um die Anarchisten zu bekämpfen,*) sie sieht auch ihre Jugend ganz von deren Doktrin bezaubert. In dieser übersättigten und bis zum Mark ihrer Knochen verfaulten Gesellschaft, in der aller Glauben seit lange erstorben ist, wo alle aufrichtigen Ueberzeugungen lächerlich erscheinen, in dieser Welt, wo man sich langweilt, wo man, nachdem man alle Genüsse gekostet, nicht mehr weiß, von welcher Phantasie, von welcher Ausschweifung sich neue Sensationen verschaffen, giebt es viele Leute, die den Liedern der anarchistischen Sirene ein wohlwollendes Ohr leihen. Unter den „Genossen" von Paris giebt es bereits nicht wenig Leute „comme il faut", Elegants, die, wie der französische Schriftsteller Raoul Allier sagt, es nicht unter Lackstiefeln thun, und die ihr Knopfloch mit einer Dahlia schmücken, bevor sie sich in die Versammlungen begeben. Schriftsteller und Künstler des Niederganges, der „Decadence" bekehren sich zum Anarchismus und propagiren seine Theorie in Revuen wie „le Mercure de France", „la Plume" ꝛc. Das ist sehr begreiflich. Es wäre erstaunlich, wenn der Anarchismus, diese durch und durch bourgeoise Doktrin, nicht bei der französischen Bourgeoisie, der blasirtesten aller Bourgeoisieen, ihre Anhänger gefunden hätte.

Damit, daß sich die Niedergangs-Schriftsteller fin de siècle der anarchistischen Doktrin bemächtigen, geben dieselben ihr ihren Charakter als Bourgeoisindividualismus. Wenn Krapotkin und Reclus im Namen des vom Kapitalisten bedrückten Arbeiters sprechen, sprechen „La Plume" und „Le Mercure de France" im Namen des „Individuums", das sich aller Fesseln der Gesellschaft zu entledigen sucht, um endlich frei zu thun, was ihm „beliebt". So kommt der Anarchismus wieder auf seinen Ausgangspunkt zurück. Stirner sagte: „Mir geht Nichts über Mich. Laurent Tailhabe sagt: „Was kommt es auf den Tod unbestimmten Menschenvolks an, wenn sich durch ihn das Individuum bekräftigt"?

Die Bourgeoisie weiß nicht mehr, wohin den Kopf stecken. „Jawohl, ich, der ich so sehr für den Positivismus gekämpft

---

*) Um sich von der Schwäche der Bourgeoistheoretiker und Bourgeoispolitiker in ihrem Kampfe gegen die Anarchisten eine Vorstellung zu machen, genügt es, die Artikel Lombroso's und A. Berard's in der „Revue des Revues" vom 15. Februar 1894, oder den Artikel J. Bourdeau's in der „Revue de Paris" vom 15. März 1894 zu lesen. Der letztere weiß sich nur auf die „menschliche Natur" zu berufen, die, wie er glaubt, „sich nicht infolge der Broschüren Krapotkin's und der Bomben Ravachol's ändern wird".

habe", seufzt Zola, „fühle mich nun nach dreißig Jahren des Kampfes in meinen Ueberzeugungen schwankend geworden. Der religiöse Glauben hatte die Ausbreitung solcher Theorien verhindert, aber ist er nicht heut nahezu verschwunden? Wer wird uns ein neues Ideal geben?"

Ach, meine Herren, es giebt keine Ideale für wandelnde Leichen, wie Sie es sind! Sie werden es mit Allem versuchen, Sie werden Buddhisten, Druiden, chaldäische „Sarsen", Kabbalisten, Magier, Isisten*) oder Anarchisten werden — was immer Ihnen am besten paßt — und Sie werden doch bleiben, was Sie heute sind, Wesen ohne Ueberzeugung und Gesetz, von der Geschichte ausgeleerte Säcke. Das Ideal der Bourgeoisie ist gewesen.

Wir Sozialdemokraten aber brauchen die anarchistische Propaganda nicht zu fürchten. Kind der Bourgeoisie wird der Anarchismus nie einen ernsthaften Einfluß auf das Proletariat ausüben. Wenn es unter den Anarchisten Arbeiter giebt, die aufrichtig das Wohl ihrer Klasse wollen, und die sich dem, was sie für die gute Sache halten, opfern, so geschieht es nur aus Mißverständniß, daß sie in jenem Lager sind. Sie kennen den Kampf für die Emanzipation des Proletariats nur unter der Form, die die Anarchisten ihm zu geben trachten. Mehr aufgeklärt, werden sie zu uns kommen.

Hier ein Beispiel dafür. Im Lyoner Anarchistenprozeß von 1883 erzählte der Arbeiter Desgranges, wie er Anarchist geworden sei, er, der an der politischen Bewegung theilgenommen hatte und selbst im November 1879 in Villefranche zum Munizipalrath gewählt worden war.

„Als im September 1881 in Villefranche der Streik der Färber ausbrach, wurde ich zum Sekretär der Exekutiv-Kommission ernannt, und während dieses denkwürdigen Ereignisses ... überzeugte ich mich von der Nothwendigkeit der Unterbrückung der Autoritäten, denn wer Autorität sagt, sagt Despotismus.

„Was that bei diesem Streik, wo die Meister sich weigerten, mit den Arbeitern zu verhandeln, die präfettorale und kommunale Verwaltung, um den Zwist beizulegen? Fünfzig Gensdarmen wurden beauftragt, die Frage mit dem Säbel zu durchhauen. Das sind die von den Regierungen angewandten friedlichen Mittel. Infolge dieses Streiks war es, daß einige Arbeiter, unter denen ich mich befand, die Nothwendigkeit begriffen, ernsthaft die ökonomischen Fragen zu studiren, und zu diesem Behufe den Entschluß faßten, des Abends zum gemeinsamen Studium zusammenzukommen."**)

---

*) Anhänger des Kultus der Isis.
**) Siehe „Le Procès des anarchistes devant la police correctionelle et le cours d'appel de Lyon. Lyon 1883 p.p. 90—91.

Unnöthig ist, hinzuzufügen, daß diese Gruppe anarchistisch wurde.

So macht sich die Geschichte. Ein thätiger und intelligenter Arbeiter unterstützt das Programm irgend einer Bourgeoispartei. Die Bourgeois reden vom Wohl des arbeitenden Volkes, doch bei der ersten Gelegenheit, die sich bietet, verrathen sie es. Der Arbeiter, der an die Aufrichtigkeit dieser Herren geglaubt, ist entrüstet, er will sich von ihnen trennen, er faßt den Entschluß, „die ökonomischen Fragen" ernsthaft zu studiren. Ein Anarchist kommt dazu, und unter Berufung auf den Verrath der Bourgeois und die Säbel der Polizisten, versichert er ihm, daß der politische Kampf nichts als Bourgeoisblech sei, und daß man, um die Arbeiter zu emanzipiren, auf ihn verzichten und die Zerstörung des Staats sich zur Aufgabe machen muß. Der Arbeiter, der die Dinge erst „studiren" wollte, erhält den Eindruck, der Genosse habe Recht, und so wird er überzeugter und ergebener Anarchist. Was würde geschehen, wenn er sein Studium der sozialen Fragen etwas weiter getrieben hätte? Was würde geschehen, wenn er sie weiter getrieben und begriffen hätte, daß der Genosse nur ein eingebildeter Ignorant ist, der ins Blaue hineinspricht, daß sein „Ideal" nicht Stand hält, daß es außer der Bourgeoispolitik und ihr entgegengesetzt, die Politik der Proletarier giebt, die der Existenz der kapitalistischen Gesellschaft ein Ende machen wird? Er würde Sozialdemokrat geworden sein.

Je mehr sich deshalb unsere Ideen in der Arbeiterklasse ausbreiten werden — und sie breiten sich in deren Reihen immer mehr und mehr aus — um so weniger werden die Proletarier geneigt sein, solchen „Genossen" Folge zu leisten. Mehr und mehr wird sich der Anarchismus — von den „gelehrten" Kapriolenmachern abgesehen — in einen Bourgeois-Sport verwandeln, dazu bestimmt, den „Individuen", die zu viel weltliche und halbweltliche Vergnügungen genossen, „starke Sensationen" zu verschaffen.

Und wenn das Proletariat Herr der Situation sein wird, wird es nur die Augenbrauen zu runzeln haben, um alle „Genossen", selbst die „Schönste.", zur Ruhe zu bringen, es wird nur zu hauchen brauchen, und der anarchistische Staub wird verschwinden.